U0368799

拨开学习的迷雾

斯坦福学长的大脑学习密码

程江波 / 著

机械工业出版社
CHINA MACHINE PRESS

本书融合了作者在斯坦福大学求学的经历，以及他在国内数十所中学和大学演讲的教育见闻，以真实的故事和案例为基础，向读者逐步阐明大脑的学习机制，以及在此机制的基础上被科学研究反复验证过的最优学习方法。本书共5章，第1章介绍了大脑是如何学习的，第2～4章各章都会先介绍我们日常遇到的学习迷思，再通过相关的科学研究加以辅助说明，旨在帮助大家理解学习的本质，在揭示大脑学习过程中的奥秘的同时，提供已经被科学研究验证过的有效学习策略，以让大家的每分努力都能取得更卓越的学习成果。

图书在版编目（CIP）数据

拨开学习的迷雾：斯坦福学长的大脑学习密码 / 程江波著 . -- 北京：机械工业出版社，2024. 7. -- ISBN 978-7-111-76224-9

Ⅰ. G791

中国国家版本馆 CIP 数据核字第 2024BF5905 号

机械工业出版社（北京市百万庄大街 22 号　邮政编码 100037）
策划编辑：欧阳智　　　　　责任编辑：欧阳智
责任校对：潘　蕊　陈　越　责任印制：邰　敏
三河市宏达印刷有限公司印刷
2024 年 10 月第 1 版第 1 次印刷
147mm×210mm · 8.5 印张 · 1 插页 · 172 千字
标准书号：ISBN 978-7-111-76224-9
定价：59.00 元

电话服务　　　　　　　　　　网络服务
客服电话：010-88361066　　　机　工　官　网：www.cmpbook.com
　　　　　010-88379833　　　机　工　官　博：weibo.com/cmp1952
　　　　　010-68326294　　　金　书　网：www.golden-book.com
封底无防伪标均为盗版　　机工教育服务网：www.cmpedu.com

（按姓氏拼音排序）

这肯定是我读过的对家长帮助最大的书。2018 年因缘际会，我的儿子成为江波老师一次为期 2 周的讲座的学生。从此孩子的学习状态发生了翻天覆地的改变。曾经喜欢偷懒、抗拒学习的儿子，突然就喜欢上了学习，还不止一次告诉我："妈妈，原来学习没有那么难！"孩子 180 度的转变给他自己甚至我们整个家庭都带来巨大的改变，而且直到现在，孩子在大学里仍然刻苦努力。我百思不解江波老师的课程究竟是为何能够如此深刻地影响了我的孩子，且持续时间如此之长。阅读了这本书，我的迷惑终于一一得到了解答。

——范辰妃
受益学生的家长

最开始跟随江波老师学习，我就惊讶于他超强的跨学科学习能力——认知科学、历史学、生物学、经济学——他似乎是一本百科全书，这让我一直好奇他究竟是怎么做到的。这本书回答了我一直以来的这个问题，它通过科学理论、经典的实验案例和江波老师自身的实践感悟，让我深刻地意识到成功的学习背后是一套科学且系统的学习方法。当拥有了这样一套体系的时候，完成跨学科学习并不是一件难事。在伦敦大学学院的第一节人文与艺术课上，教授带我们探讨了"学习"对应的2个单词"study"和"learn"的区别，前者用于表达完成作业、复习考试等学习动作，而后者强调化知识为自身认知的能力。这本书不仅实用地讲解了我们应该如何"study"以提高成绩，更带领我们走向"learn"的阶段，发掘更深层次的自信心、好奇心、创造力，从而激发出我们探索一切知识的可能性。

——范木岚

英国伦敦大学学院学生

江波老师在我的人生道路上留下了深远的印记，正是他引领我从偏远的县城走向了广阔的世界。正如书中所提到的，学习动力的重要来源之一便是高质量的反馈。江波老师常常鼓励我："你是我见过的最优秀的学生之一。"他的赞美正是一种积极的反馈，这个积极反馈不断激励着我，让我在困难时刻始终勇往直前。书中介绍的许多高效学习方法，正是他亲自传授给我的。这些方法在我的整个学习生涯中发挥了至关重要的作用，我坚信它们将使所有学生受益匪浅。

——高鸿展

中国人民大学学生

作为江波的同事、朋友与合作伙伴，捧读这本书，仿佛就坐在他对面，听他娓娓道来，亲切而笃定。书中提到的科学理论，运用在过往的课堂实践中，学生们得到了充分的尊重、科学的引导和及时的反馈，学习的自主性被极大地激发，学习成效显著提升。学习成了一件很幸福的事儿，纵使披星戴月也乐此不疲。

——郭素琴

全球视野课程创始人、IBM 全球企业咨询服务部（GBS）中国执行中心学习顾问团队前负责人

这本书就像黑暗的房间里透进来的一束光，让人醍醐灌顶，明白学习这回事，引人入胜。从过去全职的专业运动员到如今就读马来西亚顶级的大学，这段如此巨大的人生飞跃，与江波老师高效的学习方法息息相关。这些独到的学习技巧让我逐渐在对各个学科的探索中都游刃有余。此书不仅从多个角度全面剖析了学习之道的终极奥义，甚至涵盖了许多人生哲理。无疑，它是当今深陷学习窘境的学生们一本不可多得的宝贵指南。

——黄哲欣

马来西亚大学学生

作为同班同学，江波在困境中仍然取得优异成绩的经历，给我留下了深刻的印象。在商学院巨大的学习压力之下，一场突如其来的事故，让江波面临休学的抉择。出乎意料，在手术后短短几天，他居然出现了教室里面。虽然一度面临休学甚至无法获得学位，但他仍以更积极、更开放的态度投入到学习

中。几个月后，江波竟然顺利拿到了学位证书并且成绩优异！今天读过这本江波的新书，我才知道事情的真相。原来是他对于大脑结构细致入微的了解，并且采用了事半功倍的学习方法，才让他在困境中取得逆袭。我相信这本书能给所有中学生、大学生及所有致力于终身学习的人带来无限启发。

——李黎明

斯坦福商学院毕业生、Fortescue 集团金属业务中国区总裁

要学的那么多，怎么记得住？怎么激发学习的兴趣？如何避免让学习变成低效重复？——快翻开这本书吧！

无论是想提升自我的职场人，还是想辅导孩子学习的家长，都能在这本书中找到简洁易行的答案。

——彭小六

《洋葱阅读法》作者、"读书会创始人社区"主理人

有幸多次参与过江波老师的课堂，也不止一次聆听江波老师关于大脑科学如何在学习中发挥重要作用的讲座，受益颇多。这本书满是江波老师这些年来运用脑科学原理，结合自身求学经历和教学研究总结出的宝贵经验。作为教育从业者，书中的很多研究结论都让我警醒。江波老师自己的学业发展以及经他指导后进入世界名校的学子们便是最好的见证。相信这样一部"铅华洗尽，珠玑不御"的优秀作品，能够让更多人懂得在学习过程中如何有效利用大脑，以便在求知的道路上少走弯路。

——邵文宏

加拿大麦吉尔大学毕业生

2019 年至今，我已跟随江波老师学习五年有余。他以广阔的全球性视角和丰富的知识储备，为我打开了传统教育之外的另一道学习之门。这本书让我如获至宝，它深入浅出地介绍了丰富的认知科学与脑科学的知识，为科学理论辅以最真实的案例，揭示了大脑的学习机制，提供了经过验证的最佳学习策略。在过去的几年里，正是因为应用了这些高效学习方法，我在面临学习困境时，总能找到解决之道。我相信，这本书里的知识会让所有阅读此书的人获益良多。

——杨敏萱

荷兰阿姆斯特丹大学学生

几年前，我还是一名初中生，有幸聆听了江波老师讲解如何运用脑科学知识来建立优秀的学习习惯。那时，我惊讶地发现自己过去的许多学习方式与科学研究的结论背道而驰。最初我只是抱着尝试新方法的态度试试，但我很快就意识到这些新的学习方式不仅让我的学习变得更加轻松，而且效果也远超以往。这些脑科学理论和学习策略帮助我顺利度过了艰难的高中生活，在学习的同时还能腾出时间阅读和运动，并最终顺利进入大学。我强烈推荐这本书给所有中学生，因为书中所阐述的科学原理和方法正是我实现进入理想大学的梦想的关键所在。

——尹熙沅

荷兰乌得勒支大学学生

我站在笔直的大学之路（University Avenue）上，热浪正在空中翻滚，刺眼的阳光使我难以睁开双眼。此刻，加利福尼亚州（以下简称"加州"）已经进入雨季，眼前的景色依然绿意盎然。然而不久后，旱季的临近将使所有的青草枯黄凋零，失去生机，仿佛是东非大草原的旱季景象。

旱季里，整个加州将连续 6 个月没有一滴雨水，极端的干旱席卷整片区域，土地枯黄成一片。这让我不得不相信环境科学家的预测，即使地球温度仅仅上升 3 摄氏度，加州也将变成一片无尽的沙漠。

沿着大学之路，两排高大的棕榈树整齐排列。它的一端通往硅谷的核心地带帕洛阿尔托（Palo Alto）小镇。曾经的斯坦福大学校办工厂，现在已经化身全球的科技创新基地，家喻户晓。这里聚集着全球收入最高的人群，无数亿万富豪藏身其中。

大学之路的另一端通往斯坦福大学花园，这里各种鲜花和绿植巧妙地布置出斯坦福校徽的"S"字形。再继续前行，出现在眼前的竟是著名的法国雕塑家奥古斯特·罗丹（Auguste Rodin）

的著名雕塑作品——"思想者"。这尊雕塑仿佛意味着这所大学鼓励学生们要勤于思考。

在我就读斯坦福大学的 2014 年，这所学府的教职人员令人瞩目。斯坦福大学引以为傲的在职教授包括 21 位诺贝尔奖获得者、5 位沃尔夫奖获得者、2 位菲尔兹奖获得者，还有 24 位获得美国国家科学奖（National Medal of Science）、美国国家工程院奖（National Academy of Engineering Award）和美国国家人文奖（National Humanities Medal）的学者，以及 5 位普利策奖和 27 位麦克阿瑟奖获得者。在令人叹为观止的荣誉背后，斯坦福大学的教授队伍还拥有 277 名美国文理学院院士、154 位美国科学院院士、104 位美国工程院院士以及 66 位美国医学院院士。这些杰出学者为学校增添了无限的学术魅力。[⊖]

我没有任何心情欣赏雕塑，因为 30 分钟前商学院项目主任麦克的话已经击碎了我的五脏六腑："你目前的成绩虽然没有任何不及格，但是平均分太低了，这样下去，你很可能拿不到学位证书。"

严格地说，麦克的话并不令我意外。商学院的毕业要求远远高于及格，我是清楚的。因为一次意外，经过 9 个小时的紧急手术，我的胳膊里被搭上了四块金属板和数十枚合金铆钉。手术后长达半年的时间里，我每周需要做两次康复治疗和一次心理辅导。有的时候身体奇痒难忍，有的时候胳膊就像被一个金属锤子不停地重力捶打，疼痛不堪。很多时间都好像有数万只蚂蚁无时无刻不在啃噬我胳膊里的骨髓。为了减轻痛苦，四种强力止痛药

⊖ 吴军. 大学之路：陪女儿在美国选大学：上 [M]. 2 版. 北京：人民邮电出版社，2018.

轮番上阵。更糟糕的是，事故后的应激障碍——失眠、焦虑和抑郁严重影响了我的学习成果，严重的时候还会出现幻觉。于是，我的成绩一落千丈。

虽然我拼尽全力，手术三天后就回到教室开始学习。但我的咬牙坚持，也仅仅让我能保持全部课程都勉强及格。及格并不符合斯坦福大学的毕业标准，这里每一个取得学位证书的人都必须让平均成绩达到优良。

在学位证书的获得受到严重威胁的时候，我开始深刻地反省自己错在何处，又该如何脱离困境。难道是因为自己还不够努力？答案是否定的。我意识到，埋头苦学并不是扭转形势的最佳方法，因为这里来自世界各地的精英学生都异常努力。我感到迷茫，不知道该怎么办才能挽回局面。

幸运的是，我当时很清楚一点：只有通过更科学的方式来学习，才能扭转败局。

于是，从那时起，我开始密切关注认知心理学和大脑科学对学习机制的各项研究。令人欣慰的是，随着大脑成像技术的发展，大脑科学、认知科学、心理学和教育神经学取得了令人瞩目的研究成果。这些研究使我们对大脑的运作机制以及大脑如何学习有了更深入的认识。

通过了解大脑的工作原理和学习机制，我掌握了更加高效的学习策略。我学会了合理规划学习时间，采用有科学证据支持的学习策略，以最佳的方式理解和吸收知识。此外，我也学会了注意力管理和压力调节，确保身心健康的同时保持学习的专注力。这些科学的学习方法和技巧对我的学习成果产生了积极的影响。

通过坚持不懈地应用科学的学习原理，我逐渐恢复了自信，并在学业上取得了突破。我体会到了知识的力量和科学方法的重要性。现在我已经非常确定，学习不仅需要努力，更要善于运用科学的方法和策略，以更高效的方式掌握知识并取得优异的成绩。

我从这些研究中不断受益，在最后两个学期里，我不仅学习更加省力，而且我的成绩也显著提高。最终，我按时从商学院院长手中接过了我的学位证书。

毕业典礼的前夕，我和商学院项目副主任特蕾莎女士在校园里并肩而行，她问我毕业后有什么计划，我斩钉截铁地说，我要把学习这件事写成一本书。因为那时候我已经深刻地意识到，学习不能用蛮力。我们从小接受的很多学习方法其实并不奏效，甚至经常与科学相悖。

从斯坦福大学毕业后，我在大学里担任客座教授，讲授创业、领导力和沟通的课程。这些授课经历给了我机会在课堂里实践大脑科学对学习的研究成果。令人惊讶的是，学生们在了解了教学方法背后的脑科学机制后，不仅非常欢迎这些新方法，而且学生们的学习效果也显著提升了。这让我异常兴奋，增强了我进一步利用大脑科学改善教学的信心和决心。

当然，事情远非完美。我深切感受到，学习相关科学的进展鲜为教育工作者、家长和学生所知。如果这些关于学习的研究成果能够让更广泛的人了解，一定会大幅提升这些人的学习成效。写一本书来介绍这些科学研究成果的想法，逐渐清晰地浮出了我思想的水面。

非常幸运，在有了这些想法后，机会很快就降临到我的头上。中国和加拿大的私募基金先后邀请我担任副总裁及合伙人，这给了我机会关注并深度参与多个教育项目，其中包括教育工具研发、理论实践以及中小学学生的素质教育。我奔走于美国、加拿大和中国之间，拜访脑科学专家、认知科学学者、教育神经学领袖、教育专家、校长、教师、培训机构的教育从业者，与他们深度交流。并且从2018年夏天开始，在郭素琴女士、范辰妃女士和程伊犁女士的协助下，我在多伦多、北京、太原和重庆走访学校，开办面向家长和学生的讲座，与家长和学生深入互动，与他们深度讨论如何利用大脑科学的研究成果解决人们在学习中的迷茫。

从科学研究结果看，我们的确知道了很多影响学习效果的因素；但不幸的是，科学研究同时发现，我们过去的学习方法存在很多谬误，甚至是违背科学规律的。这些方法大多来自直觉，并且从未被科学研究验证。然而，这些方法至今还在世界各地尤其是欠发达地区广泛使用。

中国北方一个省会城市的学校里，尚同学因为没有完成作业，在班级里被教师施加了侮辱性的暴力惩罚，成绩一落千丈，之后数年都要依靠心理医生介入。尚同学在转入这家学校前成绩名列前茅，这也是他能够被该校录取的原因。但经过这次事件，他不仅成绩一落千丈，而且几乎没有按时完成过任何科目的作业。然而令人惊讶的是，学校对该教师的暴力行为并未予以惩戒，该学生也并未因为此事转学。据家长的反馈，这所学校以严格著称，学生和家长对不恰当的管教方式早就习以为常。他们不知道的是，在超额的作业量和教师的多次冷嘲热讽后，学生已经丧失了学习的信心。要完成超量作业本来就是个巨大的心理挑战，此时再遭遇暴力对待，只会让事情变得更加糟糕。更何况，遭受暴力和成年后的犯罪概率上升密切相关，而且遭受暴力本身就会带来巨大的压力，阻碍认知发展。遭受暴力会大幅降低学生的学习动力，甚至会造成认知障碍。[○]

有一所中学隔壁紧邻幼儿园。幼儿园的广播从早上7：45到10：30从不停歇，中学自己的课间广播每隔45分钟就上阵一场，10点又开始课间操广播，长达20分钟。这些广播此起彼伏，整个上午从8点到11点，没有任何间断。学生和教师早就习以为常，直到我拿出科学研究案例——噪声越多，智商越低，成绩越差，校方才恍然大悟。

很多高中生都在抱怨，课间10分钟都不休息，都被老师拖堂占用，连上厕所的时间都没有。课间10分钟的设计本身是非常科学的，短暂的休息可以让紧张的大脑得以恢复，让下一堂课的学习更有效率。因为注意力资源是有限的，大脑就像人体的肌肉一样，长期紧张会导致僵硬和乏力。由于失去了适当的课间休息，大脑紧绷的神经完全得不到放松，学生在后面的课堂里的注意能力和认知能力都显著降低。

上面的所有经历，每时每刻都在督促我把大脑科学对学习的研究结果写出来。

最终促使我下决心动笔的还是一项严谨的科学研究。这项研究发现，学生们通过了解大脑的学习机制和神经可塑性，学习动力就会得到显著改善，成绩也会随之提高。[○]很多学生觉得自

○ DODGE K A, BATES J E, PETTIT G S. Mechanisms in the cycle of violence[J]. Science, 1990, 250(4988): 1678-1683.

○ BLACKWELL L, TRZESNIEWSKI K, DWECK C. Implicit theories of intelligence predict achievement across an adolescent transition: a longitudinal study and an intervention[J]. Child development, 2007, 78(1): 246-263.

己"笨",或者自己不适合学习某科目,甚至根本不适合学习,这些都是心理现象,并不是真实的能力缺陷。在了解了神经可塑性后,持宿命论观点的学生,其思维模式立即得到扭转,成绩也大幅改善。而且研究还发现,智商只要在正常范围内,就不会影响成绩和人生成就。[一]真正影响成绩的是其他因素。

以上所有,是我写作此书的源源动力。我将在本书中介绍认知科学的进展,尤其是最近20年的科学进展,它们足以环环相扣地解答我们对学习的困惑,以及从中寻找到更加高效的学习策略。

希望通过讲解真实的案例,介绍科学研究过的高效学习方法,以及论证影响学习成绩的关键因素,这本书能帮助学生、家长和教育工作者认识大脑,尤其是大脑中跟学习相关的结构和工作机制。这本书并不会罗列一些诸如如何安排时间、如何做课堂笔记、如何复习这样的学习方法,让阅读者照抄,也不会堆砌一批枯燥的研究成果,让普通读者摸不着头脑。我将结合自己的经历,以真实的故事和案例为基础,向读者逐步阐明大脑的学习机制,以及在此机制的基础上被科学验证过的最佳学习策略。

这本书旨在帮助大家理解学习的本质,在揭示大脑在学习过程中的奥秘的同时,提供已经被科学验证过的有效学习策略,从而让大家取得更卓越的学习成果。

我并不是什么医学专家,但为了写作这本书,我阅读了300多篇具有广泛影响力的学术论文以及上百本相关书籍。不过,这本书非常轻松易懂。里面绝对没有生僻的、只有医学院的学生才

⊖ GLADWELL M. Outliers: The story of success [M]. New York: Little, Brown and Company, 2008.

能看懂的话术，完全没有大脑科学知识的人一样能够愉快地阅读此书。无论你是学生、家长、教育工作者，还是对大脑科学和认知科学感兴趣的人，我相信这本书都会给你带来关于学习的启发。

我将通过五章内容，抽丝剥茧，逐步解开大脑的学习密码。

第1章：大脑究竟如何学习。

我们将首先探索大脑学习的基本原理。因为只有了解了大脑是如何学习的，我们才有可能从根源处寻找最有效的学习策略。我们将把大脑的演化历程作为开始，通过从演化的视角观察大脑，我们可以更容易地理解大脑的三层基本结构，并了解它们如何支持学习这项高级而复杂的技能。因为演化的过程就是大脑逐渐具备学习能力的过程，让我们更容易理解大脑在结构上如何支持学习这项复杂的能力。正是这种卓越的学习能力让我们人类从所有物种中脱颖而出，获得绝对的生存优势。我们还需要了解大脑的不同部分在学习中的功能，这将有助于我们理解学习的神经基础其实就是在神经元之间建立连接。因此，学习的本质在于改造大脑，学习的过程是通过改变神经回路和神经元之间的连接方式来塑造大脑。最后，我们将揭开大脑学习过程的神秘面纱，深入了解知识是如何进入大脑并储存下来的。这将帮助我们更好地理解学习的特点、挑战和自己的潜力。

第2章：揭秘记忆。

记忆是学习的核心，而深入理解记忆的机制对于提高学习效果至关重要。在理解了大脑支持学习的基本结构后，我们必须进入记忆的世界，探索记忆的存储、遗忘以及不同类型记忆的特点。了解记忆的机制对于优化学习和提高记忆力至关重要。本章首先讨论记忆的存储位置。我们将了解记忆并不是存储在单一的地方，而是涉及大脑中多个脑区和神经元之间复杂的网络。我们将探索这些网络是如何在大脑中形成，并在学习过程中创造和加强记忆的。遗忘是非常常见的现象，艾宾浩斯遗忘曲线就来自这方面的早期研究。然而遗忘曲线并不完美，事实上它存在许多局限性。我们将揭示遗忘曲线背后不为人所知的另一面，从而真正揭开记忆的秘密。此外，我们还将深入研究不同类型的记忆，包括感觉记忆、短时记忆和长时记忆。了解它们的特点和作用将有助于我们更好地理解在不同的学习场景中记忆的过程和存储方式。通过学习记忆的分类，我们就可以进一步探索为何工作记忆是影响学习的关键因素之一，以及情绪是如何影响记忆的。本章结束前，我们将探讨记忆力是否可以通过训练来增强，并分享一些有助于巩固记忆和阻止遗忘的有效策略。通过揭秘记忆，我们将更深入地了解记忆的本质，掌握优化学习和提高记忆力的技巧，从而取得更加卓越的学习成果。

第3章：大脑纠错。

除遗忘之外，错误是学习过程中的另一重大障碍，发现错误并纠正错误是学习的关键步骤。在这一章，我们将探索记忆偏差和扭曲的原因，从而理解我们为何总是在同一个地方犯错。首先，我们将了解大脑的记忆并非像摄像一样准确地存储和回放事实，而是受多种因素的影响，容易产生偏差甚至扭曲。通过研究记忆偏差的原因和影响，我们就有机会识别它们，从而让错误的记忆得到纠正。提取练习是发现错误和纠正错误的最佳策略。通过主动回忆和应用知识，而不仅仅是简单地阅读或复述，我们不仅可以更好地巩固记忆，弥补记忆的空缺，更可以有效发现和纠正我们的理解错误。此外，高质量的反馈也是纠正错误的关键法宝。我们将研究什么样的反馈才是有效的，以及如何提供和接受反馈，并将其用于改进我们的学习和表现。在这一章里，我们将学会识别和应对记忆偏差，了解记忆偏差的影响，并运用提取练习和高质量反馈来提升学习效果和纠正错误，在学习过程中不断提高自己的能力。

第4章：寻找动力的源泉。

毋庸置疑，动力是持续学习的关键。在这一章中，通过深入研究大脑的奖赏机制，我们将探讨期望值与成绩之间的关系，揭示智商与成绩之间关系的真相，并探讨思维模式对成绩的决定性作用。此外，我还将分享将被动学习转化为主动学习的方法，以及积极回答问题和主动掌握学习节奏的重要性。我们将从动力的底层开始，探索大脑的奖赏机制。我们将了解到奖赏机制如何激励我们的行为，如何与学习和成就相关联。我们将研究脑内化学物质的角色，以及如何利用奖励和激励来增强学习的动力。接着，我们将探讨期望值对学习动力的影响，以及如何设置合理的期望来推动自己取得更好的成绩。智商的高低对成绩有所影响是一个被广泛讨论的话题，但科学研究的结果是否真的符合这种观点呢？我们将讨论来自斯坦福大学的著名研究，揭示智商与学习的关系。在寻找学习的动力源泉方面，我们会探讨动力与成绩之间的关系以及这两者如何相互影响。

第5章：如何让努力变得卓有成效。

在本书的最后一章，我们将探讨一些被科学研究证实有效的学习策略。科学研究的结果常常与我们的直觉相反，学习领域的研究结果也不例外。我们所习惯的学习方法，比如集中学习、反复阅读、为了学习减少休息时间和运动时间等，都被研究证明是低效甚至是无效的。因此，我们将在本书结束前讨论那些经过科学验证的学习策略，以帮助我们克服学习中的障碍，让我们的努力变得卓有成效。在这一章，我们将首先探讨为什么要多问"为什么"，这种主动思考的方式不仅有助于加深学习者对目标知识的理解并培养批判性思维，还能给予教授者机会对知识进行解释，从而帮助学习者让新旧知识产生联系，极大提升学习效果。接下来，我们将探索为什么简单重复对学习无效，以及如何通过间隔时间学习和练习来提升学习效率。我们还将讨论分组练习和混合练习之间的差异，以及如何善用考试来加强学习效果。通过这一章的内容，我们将找到更有效的学习策略，充分利用时间和精力，取得更出色的学习成果。

这本书经历了多次修改，需要感谢的人很多。他们是我的老师、我的学生，还有出版社专业的编辑。没有他们无私的帮助和坦诚的反馈，这本书就无法最终呈现出来。

大脑究竟如何学习

那段时期，我拼命努力，但还是面临无法顺利毕业的窘境。学位证书的获得受到严重威胁，7位数的花费和一切努力都将付之一炬。我一度怀疑，我们为什么要学习，这是人类自己给自己找的麻烦吗？

我们为什么要知道1加1等于2？我们为什么要知道牛顿三大定律，甚至复杂的傅立叶变换？我们从小学到中学的十几年时间里，除开节假日，每天都要去学校学习一整天，然后参加全人类最大规模的选拔考试，最后进入大学，完成本科、研究生等阶段的学习。付出如此大量的时间去学习，究竟是为了什么？

这些问题困扰了我很长一段时间。在彻夜失眠，瞪着眼睛迎接黎明曙光的每个夜晚，这些问题都会钻进我的脑海，让我无法脱身。

幸运的是，我终于想明白了。

学习最重要的目的其实就是帮助我们更好地理解并预测世界。我们在学习的过程中，得以逐渐理解世界的运作方式并能够更好地预测未来的趋势和事件。我们通过掌握知识和技能，来预测未来。从历史教训到科学研究，再到统计分析，学习赋予了我们更深入的洞察力，使我们能够更准确地预测和应对未来的挑战，把握机遇。

预测世界的能力对于我们的生存和福祉至关重要。这种能力在动物世界中起到了关键作用。食草动物需要预测季节性变化和迁徙路径，以便找到足够的食物资源。它们会根据环境信号、气候变化和植被生长周期来判断最佳的觅食地点和时间。同样地，食肉动物需要准确预测猎物的行为模式和习性，以便展开有效的狩猎。它们依赖于对猎物的观察和理解，从而选择最佳的时机和位置进行捕食。

对于人类来说，预测世界的能力同样至关重要，并且这种重要性体现在人类生活的各个方面。早在 5000 年前，美索不达米亚就出现了太阳历，这帮助农民预测农作物的生长周期和收获时机，以便做出合理的农业决策，保障粮食供应。预测天气条件对于农作物的种植、灌溉和收获都至关重要。通过研究气象模式和历史气候数据，农民可以预测干旱、洪水等极端天气事件，采取适当的防范措施，最大限度地减少损失。

在医学领域，预测能力对于诊断和治疗决策至关重要。医生通过观察症状、进行检查和分析病历，能够预测疾病的发展趋势和可能的并发症，从而做出正确的诊断和治疗决策。这样的预测有助于提高治疗效果并改善患者生存的可能性。

在航天领域，预测能力对于太空探索的安全和成功至关重要。科学家和工程师通过对航天器的飞行轨道、燃料需求以及宇宙环境的理解，能够精确预测飞行任务的执行过程。这种预测能力保证了航天器的着陆和返回过程的安全性。同时，对太空环境的预测和防护措施的实施，确保宇航员在太空中避免窒息、冻僵或受到太阳辐射的致命威胁。

因此，学习的重要性远远超出了知识本身。学习是一种持续的成长和发展过程。通过学习，我们不仅能够获得关于世界的知识，习得应对世界甚至改变世界的技能，还能培养我们的思考能力和解决问题的能力。

更重要的是，通过学习，人类具备了创造力，能够创造出新的知识、技术和文化。学习使我们能够理解过去的经验和知识，并将其与现实世界的需求相结合，从而创造出新的东西。学习可以激发我们的好奇心和想象力，让我们敢于尝试新的想法和方法。学习让我们能够从不同的角度思考问题，从而找到创造性的解决方案。通过学习，我们可以不断地探索和发现，挖掘出新的领域和可能性。

创造力是人类的一项独特能力，通过学习，我们可以培养和发展这一能力。无论是在科学、艺术、工程还是商业领域，创造力都是推动社会进步和个人成长的重要因素。

通过学习，我们也能够与他人分享和交流自己的创造成果。学习使我们能够理解和欣赏他人的创造力，与他人合作，共同创造出更加丰富和有意义的事物。学习让我们不再是孤立的个体，而是成为一个积极参与社会和共同进步的群体的一员。

所以，学习是我们理解世界的窗口，学习为我们揭示了事物之间的联系、规律和趋势。通过学习，我们能够更好地适应和应对变化，为自己和社会创造更美好的未来。

明白了学习的重要性之后，我更希望了解如何有效地学习，最终在商学院取得满意的成绩并顺利毕业。这显然需要更好的学习策略，而不是简单地依赖蛮力。

在过去的学习和工作经验中，当遇到困难时，我经常与同事一起进行根本原因分析（root cause analysis，RCA）[⊖]。这种方法非常有效，因为它引导我们从问题的最根本处着手，逐层找出原因，并最终找到解决方法。

那么，学习的根本是什么呢？当然是大脑。

大脑是所有行为和思维的中心，负责接收、处理和存储信息，使我们能够记住和回忆所学的内容。大脑是一切学习的根源。许多科学研究已经证实，了解大脑如何学习会对学习效果产生显著影响。

近年来，大脑科学和认知心理学的飞速发展为我们提供了科学的学习策略。这些策略的发展都依赖于对大脑功能的深入了解。因此，要想更好地学习，我们需要回到学习的源头，也就是

⊖ 根本原因分析的方法论最早由美国质量管理专家和教育家爱德华·戴明（Edward Deming）提出。他在 20 世纪 40 年代和 50 年代对日本工业界的质量改进工作产生了深远的影响。戴明强调，要解决问题和改进质量，需要找到问题的根本原因，而不仅仅是处理问题的表面症状。

大脑。了解大脑的学习原理有助于我们更好地理解学习过程，并找到最佳的学习策略。这种了解对我们来说非常宝贵，它提供了深入研究学习过程的视角，并为我们改进学习方法提供了指导。

现在，让我们一起回到学习的源头，对大脑是如何学习的一探究竟。

天选之"人"，胜在学习

截至 2024 年，80 多亿现代智人几乎已经占领了地球的每一寸土地，甚至包括北极这样的极寒地带。与此同时，号称没有天敌的森林之王老虎和草原霸主狮子还在风餐露宿，为了觅得下一顿饭，它们随时可能丢掉性命。我们人类已经可以躺在被窝里跟地球另一端的人视频聊天，任何一个中产阶级都可以在 48 小时内绕地球飞上一圈。距离上一次地理大发现（1492 年哥伦布发现美洲新大陆）才刚刚过去 500 多年，地球已经装不下人类的野心，科学家们正提议炸毁月球，飞出太阳系，去往火星和其他星球。

相对于地球 45 亿年的寿命，人类可以被视为绝对的新兴物种。那么，是什么让我们在短短的 100 万年内超越其他物种，成为优势种群呢？答案就在于我们强大的学习能力。

人类之所以能够在演化史中脱颖而出，并超越其他物种，一方面来自基因对环境变化的适应，另一方面源于我们强大的学习能力。人类的大脑具备高度的可塑性和适应性，能够通过观察、实验和反思来积累知识和技能。这种学习能力使得我们能够从过去的经验中吸取教训，并将其应用到未来的情境中。通过学习，我们发展出了复杂的思维能力、创造力和问题解决能力。

强大的学习能力离不开强大的大脑。那么人类的大脑与其他动物相比，有什么过人之处呢？

最初，科学家推测，动物的学习能力与大脑的大小和重量成正比，但事实显然并非如此。人类的平均大脑重量约为 1.3 千克，相对于大型哺乳动物来说并不算重。非洲象的大脑重达 4.2 千克，是我们的大脑重量的 3 倍多。鲸鱼的大脑更是重达 9 至 10 千克，远超过我们。虽然这些动物可能具有一定的学习能力，但至少它们并没有像人类那样发展出文明和科技。这一点需要如何解释呢？

随后，科学家提出了新的假设，即现代人类的脑重与体重之比是所有物种中最大的，因此拥有最强大的学习能力。这听起来合理，从这个角度来看，人类的脑重与体重之比远超过其他 90% 的动物。然而，经过仔细研究，科学家很快发现啮齿类动物的脑重与体重之比普遍更高。虽然人类和大多数老鼠的脑重与体重之比是 1 比 40，但有些啮齿类动物的脑重与体重之比高达 1 比 10，远超过人类。甚至侏儒猴的脑重与体重之比也达到了 1 比 27，超过了人类。这让科学家感到困惑。

感谢科学的持续进步，让我们能够以更微观的视角来了解大脑。目前为止，科学家普遍认同的理论是，大脑内部神经连接的复杂程度是决定个体智慧的关键因素。为了更准确地通过脑部重量评估智商，科学家提出了 EQ 指数（Encephalization

Quotient）[⊖]的概念，也称为脑化指数。这是一种利用颅容量与身体尺寸比例计算出来表示相对脑量大小的指数，可以用于粗略比较不同物种的智力水平。

截至目前的研究，都证实了这样一个推论：脑化指数越高的动物，智力水平就越高。脑化指数是一种智力发展的指标，因为脑重的增加可以与认知能力和行为复杂性的提升相关联。

脑化指数使得我们能够大致比较不同物种的智力水平。科学家不仅对灵长类动物进行了脑化指数的比较，还对非灵长类动物的脑化指数进行了深入研究。[⊖]

如图 1-1 所示，通过比较各物种的脑化指数，我们可以很容易地发现兔子的脑化指数为 0.4，鼠类虽然脑体重比超过人类，但其脑化指数仅为 0.4。猫的脑化指数为 1.0，狗的脑化指数为 1.2，人类的近亲大猩猩的脑化指数为 1.8，而人类的另一近亲黑猩猩的脑化指数则为 2.5。脑化指数与人类最接近的是海豚，其脑化指数为 5.3，而人类的脑化指数最高，高达 7.5。

相比之下，人类的大脑在相对较小的体积内展现出了出色的智力和学习能力。这可能与我们的大脑结构、神经元连接的复杂性等因素有关。尽管人类大脑的大小相对较小，但我们通过高度组织和发达的神经网络，实现了复杂的思维和认知功能。

⊖ JERISON H J. Evolution of the brain and intelligence [M]. New York: Academic Press, 2012.

⊖ DEANER R O, ISLER K, BURKART J, et al. Overall brain size, and not encephalization quotient, best predicts cognitive ability across non-human primates [J]. Brain, behavior and evolution, 2007, 70(2): 115-124.

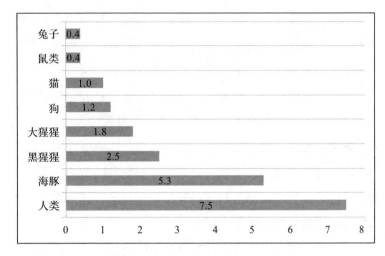

图 1-1   各物种脑化指数对比

当然，脑化指数只是智力的一个方面，还有许多其他因素可以影响一个物种的智慧和行为表现。科学家们仍在努力研究大脑的复杂性与智慧之间的关系，以求解释大脑的运作方式，以及更深入地理解智力的起源和演化。

那为什么人类拥有了更高的脑化指数，最终成为天选之"人"，而其他动物却没有呢？

人脑的演化过程

了解大脑的演化过程以及其演化的原因，我们就能更好地理解人类是如何获得更高的脑化指数，并因此具备了强大的学习能力的；而且我们将更容易理解大脑的学习机制，从此解开大脑的学习密码。

大约 3.6 亿年前，原始鱼类首次登上陆地，这导致了水陆两栖动物的出现，它们随后进一步演化为完全脱离水域的爬行类动物。两亿年前，原始哺乳动物才开始在地球上出现。

大约 6500 万年前，一颗直径约 10 千米的小行星猛烈地撞击了地球。这次撞击事件引发了巨大的爆炸和火山喷发。巨大的冲击力和热浪扰乱了地球的气候和生态系统，导致了大规模的物种灭绝。这次撞击在地球上形成了一个巨大的坑洞，即希克苏鲁伯陨石坑，后来经过漫长的地质作用，逐渐形成了现在的墨西哥湾。

这次撞击事件对地球的生态系统和地质演化产生了深远的影响。它改变了环境条件，导致了许多物种的灭绝，其中包括当时的地球霸主——恐龙。大多数人类学家都认同，如果不是恐龙的大灭绝，让数千种哺乳动物有机会出现并填补了恐龙消失后的权力真空期，我们人类祖先的猿类就无法与我们的近亲黑猩猩在 600 万年前分道扬镳。作为人类祖先的灵长目动物具有相对复杂的生活方式和灵活的进食行为，栖息地植被开阔，兼具一定的广度和高度。这意味着它们能够适应和生存于不同类型的环境，包括森林、草原、沼泽、河流等。这种广度使得它们能够利用不同的资源，包括食物、水源和庇护所。而且这些灵长目动物有的喜欢在高耸入云的树冠中活动和觅食，而另一些则更多地在地面上活动。

作为对上述丰富的生存环境的条件性适应，人类的祖先演化出了更大的大脑。相比其他哺乳动物，它们更依赖视觉，而较少依赖嗅觉。大约 200 万年前，直立行走的南方古猿才诞生。它们的大脑并不比黑猩猩的大，但最终演化出了第一批智人。

早期人类并非像如今的我们一样，在地球上唱着独角大戏，其他所有物种和资源只是剧目的点缀和陪衬，没有任何参与感。那时的人类祖先，充其量也只能算得上世界的边缘玩家，在非洲大舞台跑龙套。与其说早期人类是狩猎采摘者，不如直接说是采摘者。在火和更有效的工具被人类祖先掌控之前，狩猎充满危险并且大多时候无功而返。在人类这个物种诞生后的绝大多数时期里，人类祖先的主要食物都是野果子。我们根本追不上羚羊、斑马、鸵鸟等动物，在狮子等食肉短跑健将的追赶下，这些猎物都被训练成了百米冲刺冠军。如果撞大运碰到了被猎食者遗留下的残羹剩饭，我们的祖先才有机会用石头敲开骨头，吸取里面的骨髓，用残留在骨头上的腐肉勉强补充身体所需的蛋白质。

幸运之处在于，在能够直立行走之后，我们的祖先逐渐演化成了长跑冠军。于是我们的祖先跟在猎物后头跑个几十公里，猎物筋疲力尽后，我们就追上它们了。

是什么鞭策人科动物最终有了更大的大脑和更高的智力，并在此基础上创造了以语言为基础的文化？

答案很可能是火。

真正让原始人类的大脑朝着智人演化的决定性步伐，是火的使用。有了火，食谱发生了天翻地覆的改变，并且早期人类开始了营地生活。集体生活对大脑有更高的要求。种群成员需要有同情他人、评估难分敌友的感情、判断各种人的意图以及制订个人社交策略的能力。结果就是，人类的大脑变得高度智能化，同时又极度社会化。大脑不得不对个人关系迅速构建出心理情境，包括短期关系和长期关系。大脑既要能追忆旧时情景，又要能远眺未来，设想每一段关系的结局。

事实上，火的使用引发了连锁反应，火能杀死危险的细菌和寄生虫，这降低了患病和死亡的风险。而且火的使用扩大了食谱，为后来的农业革命做好了准备。有了火，我们咀嚼和消化食物的时间大大减少，黑猩猩每天要花 5 个小时来咀嚼未加工食品，而人类只需要 1 小时。烹制过的食物还促进了消化，消化系统从食物中吸收和释放全部能量所需的时间被大幅缩短。

肉食，尤其是用火烹熟后的肉食，为人类提供了大量的蛋白质。这为大脑的持续变大提供了物质基础。因为充盈的蛋白质为大脑提供了充沛的营养，使大脑进一步演化变大从而获得更高的智力。智力的提升带来了更好的工具和狩猎方法，于是又有了更多肉食。在这个良性循环下，人类的大脑不断变大，直到连分娩都变得异常困难。

我们不用亲自生过孩子就能轻易得知妇女分娩是一件多么痛苦和危险的事。人类头骨的大小不可能无限增大，因为无限增大会给生产的妇女增加更多死亡风险。因此为了能在有限的空间里拥有更多的大脑容量，人类的大脑出现了很多褶皱。在所有物种中，人脑具有最复杂的褶皱结构。其他哺乳动物的大脑虽然也有褶皱，但无法跟人类大脑的褶皱程度相提并论。更多的其他动物比如老鼠的大脑，基本是没有褶皱的。大脑的表面越光滑，它的功能也就越简单。从这方面也可以了解到人类大脑的脑化指数更高，具有更复杂的机能。

作为人类的最新分支也是硕果仅存的分支，现代智人在距今大约 7 万年前迫于自然压力离开非洲去寻找食物，最先到达的地方是地中海西岸的新月沃地。我们的祖先在占领地球的一路上，遇到了现代智人的姐妹种群：欧洲和黎凡特地区的尼安德特人，亚洲的丹尼索瓦人，以及爪哇地区的佛罗勒斯人。我们可能跟他们和平相处了一阵子，但和平期恐怕并不长久。根据直布罗陀的遗迹，我们不难猜测尼安德特人 3 万年前灭绝的原因：要么是通过食物和领地的竞争，要么是赶尽杀绝的斗争。不消多长时间，所有其他人属，都消失殆尽。不仅如此，人类的扩张还可能在一定程度上加速了很多大型哺乳动物的灭绝。现代人类到达澳大利亚后，在短短数千年内，包括袋狮和双门齿兽在内的 24 种大型动物中的 23 种全部灭绝。现代人类到达美洲后，北美洲的 47 属大型哺乳动物消失了 34 属，南美洲的 60 属消失了 50 属。现代人类的扩张，让全世界 200 属大型陆生动物中的半数以上遭到灭绝。

这么说吧，"不管是哪里的荒地，一经人类踏足，其生物多样性便退回到 5 亿年前"。[一]

在已知的所有物种中，人类尤其能够在很大程度上适应环境的变化，甚至有机会改造环境。

　　⊖　WILSON E O. The social conquest of earth[M]. New York: Liveright, 2013.

支撑学习的三层大脑结构

人脑可能是宇宙中最复杂的物体，其内部复杂结构的终极目标就是让人具备更强大的学习能力，从而更好地适应环境甚至改变环境。

我们通过围海造田的方式创造土地，将原本无法利用的海洋或湖泊变成可耕种的土地，扩大了农耕的范围。通过人工种植和绿化措施，我们甚至能够将沙漠转化为绿洲，使荒凉的地区恢复生机。通过拦截河流并建设灌溉系统，我们创造了用于农业和人类生活的水源。我们还发展出人工降雨技术，以应对旱灾或干旱地区的需要。

如今，全世界正在共同努力控制碳排放，以减缓地球变暖。我们已经认识到，人类的活动对地球的气候产生了巨大影响，因此我们在采取行动，减少温室气体排放，以期改变地球的气温，并保护我们的生存环境。

这些改变环境的能力，在过去，只有传说中的神才拥有。但所有这些令人叹为观止的能力，我们都通过学习获得了。

人类通过观察自然、积累知识，以及不断探索和创新，逐渐发展出这些技术和方法。我们的学习能力使得我们能够不断进步，让我们成为地球上最有智慧和创造力的物种之一。

那么，人脑的结构是如何支持学习功能的呢？

虽然大脑看上去就像是一团藏在头盖骨里的果冻状物质，但它是管理身体感觉、运动及实现高级脑功能的高级神经中枢。如图 1-2 所示，大脑通过脑干与脊髓的顶端相连。脊髓里的神经束穿过脖子，连接到身体最远的末端。这些神经存在于每块肌肉、每个身体器官和每个关节中。因此，大脑可以通过神经元细胞迅速地作用于身体的各个部位。

直观地看，大脑受到了层层的保护。就人脑来说，它被 23 块厚重的颅骨包围。颅骨之下，还有液体可以缓冲物理冲击。大脑的活动离不开大量血液循环的支撑，这些血液必须通过一个叫作"血脑屏障"的过滤器，才能从身体到达大脑。这是为了防止有害的化学物质或生物活性物质污染大脑的内部环境。

地球上的生命形式，从病毒到细菌，再到植物、动物，只有最后一种生命形式能"活动"。为了应对环境中瞬息万变的情况，大脑是必不可少的。因为大脑能根据瞬息万变的环境做出选择，这些选择关乎生物的福祉，更关乎生物的生死。

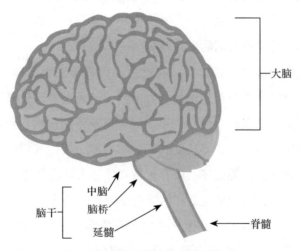

图 1-2　大脑通过脑干与脊髓相连

图片来源：www.hellorf.com

大脑在生命的最开端就是今天这个样子吗？当然不是。大脑的结构是在演化的过程中逐步形成的，而且还颇具规律。

科学家估计，在过去的 4000 万年里有不下 17 个冰河时期。从格陵兰岛钻取的冰芯显示，地球气候在极端炎热和极端严寒之间交替往复。气候的不稳定导致了大多数生物的灭绝，新的物种这才有机会填补越来越多物种灭绝造成的真空。大约 2500 万年前，猿类才从猴子中分化出来。到了 1000 万年前，非洲北部和东部的热带地区变成干燥、尘土飞扬的平原。800 万到 600 万年前，猿类依次分化出猩猩、大猩猩、倭黑猩猩。树木枯萎凋零，一部分人类的祖先不得不从树上下来，在地面上艰难地讨生活，最后诞生了现代智人。我们与倭黑猩猩在基因上的相似度高达 96%，但直立行走和更高的脑化指数，是我们区别于其他类人猿的重要特征。

整个大脑的结构，就是生物演化的过程中逐层累加的结果。

演化生物学已经证实，人类的大脑是经过漫长的演化过程才变成现在这个样子的。更让人感到方便的是，我们可以通过观察大脑的结构，清楚地看到演化的痕迹。大脑的进化是随着地球和生存环境的变化而变化的，而新产生的部分是在已有基础上追加的。最古老和最简单的神经系统就像是沿着地球生命早期的小蠕虫背部延伸的一串神经元。这些神经元其实就是我们脊髓的前身，它们使得蠕虫能够做一些简单的运动，有趣的是，这些神经元现在同样也负责着我们人体的很多基本运动。

在动物演化的过程中，神经元首先出现在蠕虫身体的一端。随着时间的推移，这些神经元逐渐演化出更复杂的结构，逐渐掌管了动物的基本功能，比如消化和呼吸。随着演化的继续，大脑在已有神经元的基础上不断进行扩展，并逐渐形成了高度复杂的结构。大脑的演化并不是一次性替代，而是通过在旧有的部分上演化出新的结构，逐步增加了操纵复杂行为的能力。这种逐步演化的过程使得大脑能够更好地适应环境变化，并为动物提供了思考、学习和适应的能力。这种通过追加新的部分来实现增长的方式，对于大多数复杂动物的大脑来说都是适用的。[⊖]

可以说，我们的大脑就像是一项持续改造的工程，不断添加新功能，提升我们的行为能力。就像是一位天才设计师在现有的建筑上增加新楼层，使得整体更加宏伟壮观。这种逐渐增长的演化过程，塑造了我们独特而精彩的大脑，让我们能够思考、创造和适应不断变化的世界。

科学家对大脑进行区域划分的研究为我们提供了深入了解大脑结构的宝贵线索。如图 1-3 所示，大多数脑科学家都喜欢把大脑的结构划分为三个主要部分：最古老的爬行脑（原始脑），中间的哺乳脑（情绪脑），以及最新进化的新皮质（理智脑）。

最内侧的部分就是演化历史中最古老的部分，被称为爬行脑。这一部分包含了脑干和小脑，负责一些基本的生理功能和运动控制。它相当于大脑的"老大哥"，管理着我们基本的生存需求，比如呼吸、心跳和平衡等。尽管爬行脑在进化历程中

⊖ 霍金斯．千脑智能[M]．廖璐，熊宇轩，马雷，译．杭州：浙江教育出版社，2022．

最早出现，但它仍然扮演着不可或缺的角色，保障着我们身体的正常运作。

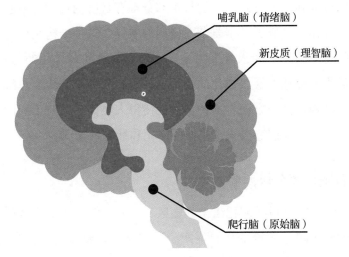

图 1-3　大脑的三层结构

图片来源：www.hellorf.com

　　夹在中间的一层是哺乳脑，也被称为情绪脑。这一部分位于爬行脑的上方，包括边缘系统、扁桃体和海马等结构。哺乳脑是哺乳动物的特征之一，它掌管着情绪、记忆和社会交互等重要功能。它让我们能够感受到喜怒哀乐，处理情绪和社交关系，是我们人类表达和体验情感世界的关键。

　　最外侧是最新进化的部分，所以被称为新皮质，也称为理智脑。这是大脑最外层的一层灰质组织。新皮质是人类大脑独有的结构，赋予了我们高级认知功能，如思维、学习、决策和语言。它包含了各种功能区域，例如额叶、顶叶等，让我们能够进行复杂的推理、创造和计划。新皮质的发展是人类进化的巅峰之作,让我们与其他物种相比拥有了独特的智慧和能力。

通过对大脑的这种三层结构划分,我们能够更好地理解人类的行为和思维方式。尽管每个部分都有自己的功能,但它们密切合作,构成了一个复杂而协调的整体。这种结构是生命演化的奇妙成果,使人类成为地球上最具智慧和多样化的物种。人类作为地球上最多样化的物种,体现在生理、文化、思维和社会结构等多个方面。这种多样性使得人类能够适应不同的环境和条件,并创造出丰富多样的文化和社会形态。

爬行脑:要么快,要么死

爬行脑是最早演化出来的脑区,它的主要功能除了维持我们的呼吸等最关键的生存需求,更固化了"要么快,要么死"的本能反应。

这一层大脑区域的形成是第一阶段的演化,发生在距今3.6亿年到2.5亿年之间。从图1-3我们可以看到,这部分脑区位于整个大脑最里侧的核心部位,因为它们是最先演化出来的大脑结构,因此也常被称为原始脑。科学家之所以也喜欢称它为"爬行脑",是因为爬行动物在演化出来的时候就具备了这部分脑区,而且保持至今。爬行脑最大的特点就是高效率和低能耗,它的功能就是为了单纯地活下去,它控制着生命最基本的功能,如心跳、呼吸、战斗、逃命、喂食和繁殖等功能。这部分脑区的功能不包含情感。爬行脑在大约2.5亿年前便停止进化,因此人类的"爬行脑"和所有爬行类动物的大脑,在本质上并无二致。它的一大特点就是不受意志控制,并带有强迫性，其中包含的程序都是固化的对环境的反应。

"爬行脑"执着于自我防卫。本能地躲避伤害以及其他逃生行为都是经过上亿年演化出来的，这些本能已经固化在了这部分脑区。这部分脑区经历过残酷的竞争和演化压力，正是这部分古老的脑区帮助我们的祖先在这个星球上熬过了最初的数亿年。这部分原始的、不具备语言功能的脑区藏在大脑深处，却主导了我们绝大多数行为和决策。

东部非洲是众多哺乳动物的栖息地，角马是其中的代表物种。马塞马拉和塞伦盖蒂两大草原之间隔着一条长长的马拉河，每年 7 月，数以百万计的角马都会穿越这条河，前往对岸的草原寻找丰美的草场。到那时，人们可以乘坐热气球和直升机去观看壮观的动物大迁徙。然而壮观的表面下隐藏着致命的危机，因为河水中隐藏着危险的鳄鱼。它们在河中静止不动数小时，等待着在角马们靠近时发动猛烈的袭击。消化食物对鳄鱼来说需要整整一周的时间，在此期间，它们会安静地躺着，毫不动弹。这是典型的爬行类动物的行为机制，除非事关生死，否则它们几乎不做任何动作。

然而，对于以食草为主的角马来说，它们绝对没有能力与鳄鱼搏斗。它们唯一的生存法则就是依靠根植于"爬行脑"的本能直觉和快速反应——逃跑。只有通过足够迅速的反应，才能避开鳄鱼那张血盆大口的威胁。

在动物世界中，只有两个法则：要么快，要么死。

如果行动不够迅速，要么无法捕捉到猎物，要么无法逃避天敌的致命攻击。如果我们祖先的大脑没有这一部分脑区的正常工作，无法迅速躲避袭击或者快速出击以击倒猎物，那么也就不存在今天的我们了。

值得注意的是，"爬行脑"并不倾向于从经验中学习，而是更偏向于一再重复已经固化在这部分脑区的本能反应。在自然界中，许多动物并不一定依赖记忆来生存。以鲨鱼为例，它们的祖先可以追溯到至少 4.5 亿年前，经过数亿年的时间，地球的环境发生了无数次剧变，鲨鱼所面对的食物也早就今非昔比。然而，它们能够存活下来并不是依靠准确和长久的记忆力，而是基于原始脑的本能反应。

尽管在演化的过程中，我们的祖先逐渐发展出了更为复杂和高效的大脑，使我们能够进行高级思维和复杂的社会互动，但快速反应和直觉仍然是我们生存的根本。即使在现代社会，我们仍然需要依靠这种能力来应对紧急情况或突发事件，比如本能地闪避突然出现的车辆。因此，我们的身体和大脑保留了这种迅速反应的机制，以确保我们的生存和安全。

然而，当人类逐渐具备了更高级的脑区和功能后，我们能够在与爬行动物的竞争中获得优势。我们的大脑可以进行更加复杂的推理、学习和创造，使我们能够适应不断变化的环境和充分利用资源。我们能够通过积累知识、经验以及合作来解决问题与取得进步。这种能力使我们超越了简单的本能反应，成为地球上最成功的物种之一。

因此，虽然我们的本能反应和直觉仍然起着重要的作用，但我们也能够通过学习、创新和社会互动来不断进化和超越。我们大脑的发展和功能的多样性为我们在环境中的适应和生存提供了巨大的优势，使我们能够不断突破和超越爬行动物仅限于本能反应的局限。

情绪脑：掌控情绪和记忆

大脑的中间层在演化中为生物的生存提供了更广阔的空间。

这部分脑区是基于爬行脑演化而来的边缘系统，掌管动物的情绪，因此有时也被称为"情绪脑"。科学家形象地将这部分脑区称为"哺乳脑"，因为只有哺乳动物才具备这个脑区。在大约 2 亿年前到 5000 万年前的演化过程中，哺乳脑逐渐形成，并保持了稳定的结构。如图 1-4 所示，这部分脑区包括杏仁核、海马、扣带回、下丘脑等结构。这些新进化的结构负责记忆和情绪。该区域内存在一系列神经化学物质，它们能够引发情绪，并进一步影响我们的行为。在遥远的过去，哺乳动物和我们人类的祖先必须应对各种生存挑战。情绪脑分泌的多种神经递质通过激发情绪反应，提高了我们的生存能力。

情绪脑在生物体中扮演着重要的角色。它们可以快速地产生情绪反应，帮助我们识别和应对潜在的威胁或机会。这种快速的情绪反应是通过与记忆的关联实现的。当我们面临类似的情境时，大脑会检索过去的记忆，从而引发与之相关的情绪反应。这种记忆和情绪的联结让我们能够更好地适应环境并做出更明智的决策。具备了记忆力的哺乳脑让哺乳动物记住场景和事物，以及这些场景和事物伴随的情绪。这就让哺乳动物可以在出生后了解环境，更好地适应环境。通过学习，哺乳动物可以根据经验知道什么是危险的，什么是有利于生存的。这比爬行动物迈出了大大一步。

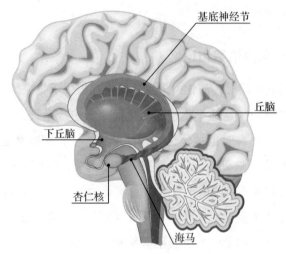

图 1-4　边缘系统

图片来源：www.hellorf.com

动物的世界非快即死，这个生存法则当然也囊括了哺乳动物。哺乳动物之所以与其他生物不同，或者是更高级，是因为它们拥有两部分脑区。除了能够依靠爬行脑做出快速的本能反应外，它们还能通过情绪脑对环境进行学习，获得升级版的快速反应能力。

人类的哺乳脑与其他哺乳动物的大脑本质上并无差异，科学家用"3F"来概括它的功能：战斗（Fighting）、觅食（Feeding）和逃跑（Fleeing）。哺乳类动物会照顾自己的后代，而爬行类动物则不会如此，它们通常在产下蛋后就离开，让孩子们自行生存。

我们人类拥有丰富的情绪体验，情绪脑负责产生情绪以及与情绪相关的记忆处理，这也是情绪脑得此名的原因之一。情绪的存在让我们人类对世界有了更加深入的感知和反应能力。

不同情境下产生的情绪能够帮助哺乳动物了解并更好地适应环境。例如，恐惧情绪能够迅速触发科学家所称的"战斗或逃跑"的身体反应，包括攻击行为和恐惧反应。这种直接而迅速的反应能够让许多哺乳动物在危险中幸免于难。

一个夏日的傍晚，我和朋友一起在林间散步，我们正在热烈地讨论近期热映的一部电视剧。朋友突然大叫一声："有蛇！"我本能地"啊——"地叫出了声，而且身体本能地向后跳了出来。我的这两个身体反应发生在电光火石之间，甚至在我的意识到达前就已经完成。之后，我才稳了下神色，顺着朋友的手指看到了前方有一条"蛇"出现在道路中间。我们停下脚步并终止交谈，仔细观察前方视野里的危险"生物"。还好，我们最后确认那是一段麻绳。我们面对面尴尬地彼此微笑，然后又回到我们先前的谈话当中。

从这个经历中，我们很容易发现这样一个事实，即情绪是一种演化出来的打断机制：当某种行为需要被打断时，情绪就会产生，以便生物体关注一些关键的有关生存的信息，从而对行为做出修正。路上遇到蛇，情绪打断了我们的谈话，是为了让我们注意到危险并及时逃离。令人欣慰的是，直觉通常是可靠的，它能够帮助我们在紧急情况下做出迅速的决策。

伟大的比较心理学家施奈拉（T. C. Schnierla）指出，趋向（approach）和回避（avoidance）是每个生物在面对环境时所做出的基本心理决策。实际上，我们所经历的大多数情绪都具有促使我们趋向或回避某事的作用。情绪在帮助我们做出决策时起着重要的作用，决定着我们是向某个事件靠近还是远离。

当我们感到愉悦、兴奋或好奇时，我们往往会倾向于接近和追求这类情绪的来源，因为我们希望从中获得满足感和积极的体验。这种趋向心理驱使我们主动探索新事物、寻求挑战和奋斗，以实现个人的目标和欲望。

相反，当我们感到恐惧、厌恶或焦虑时，我们倾向于回避或避开这类情绪的来源。我们试图摆脱或逃离可能带来危险、痛苦或负面后果的事物或情境。这种回避心理保护着我们的安全和生存，并帮助我们避免潜在的威胁和伤害。

在现实生活中，我们经历着丰富多样的情绪，涵盖了整个情绪谱系。每种情绪状态都有其特定的功能和意义，它们对我们的行为和思维产生影响，指导着我们在复杂的环境中做出决策。

情绪在我们的生活中扮演着重要的角色，它们是我们内在体验的一部分，同时也是我们适应和应对外部世界的一种机制。通过认识和理解自己的情绪，我们可以更好地管理和应对生活中的挑战，以实现个人的成长和幸福。

尽管情绪脑在演化中起到了重要的作用，但我们的大脑还进一步发展出了更高级的区域，负责复杂的思维和推理能力。这使得我们能够更加灵活地应对各种挑战，并在不同情境中做出明智的决策。然而，情绪脑仍然是我们行为和情感的基础，它与更高级的认知过程相互作用，共同塑造了我们作为人类的独特心智。

因此，情绪脑的存在和功能使得我们能够更加敏锐地感知环境、做出适应性反应，并在与仅有"爬行脑"的动物的生存竞争中取得显著优势。

新皮质：高级和复杂的学习功能

人类大脑的最外层被称为新皮质，也被称为理智脑。它是哺乳动物大脑最为复杂和最高级的部分。新皮质是负责高级认知功能的区域，包括思考、决策、学习、记忆和情绪等。它与人类的智力和意识密切相关。

大多数科学家相信，新皮质的演化发生在大约 250 万年前。那时，猿类已经从黑猩猩谱系中分离出来了 350 万年。新皮质演化出来后的 50 万年里，我们就学会了直立行走。人类的新皮质面积相当大，约占据人类大脑体积的 70%，厚度约为 2.5 毫米。它包裹着小脑和脑干，而脊髓则从底部延伸而出。几乎所有高级能力，如视觉、语言能力以及音乐、数学、科学和工程等方面的能力，都是由新皮质创造和支持的。

为了更深入地理解新皮质，科学家将其分为不同的区域，每个区域都有特定的功能和特征。如图 1-5 所示，在新皮质中，有四个主要的脑叶（lobe），包括额叶（frontal lobe）、顶叶（parietal lobe）、颞叶（temporal lobe）和枕叶（occipital lobe）。

每个脑叶在大脑中扮演着独特而重要的角色，进一步了解它们的功能将有助于我们对大脑的理解。

额叶包括前额叶和后额叶。前额叶位于大脑的最前端，负责高级认知功能，如决策、执行控制和规划。它参与评估不同选项的优劣，并制订适当的行动计划。前额叶还与个性特征、社交行为和情绪调节紧密相关。后额叶参与了视觉信息的处理和分析，帮助我们感知和理解自己在空间中的位置，并进行空间导航和方向感知，控制目标导向的行为。另外，后额叶在计算方面也发挥作用。

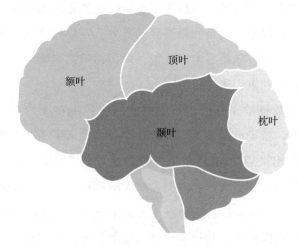

图 1-5　脑叶的位置

图片来源：www.hellorf.com

　　顶叶位于大脑的上部，涵盖了感觉和空间认知的皮质区域。这个区域处理我们的躯体感觉，包括触觉、温度觉和痛觉等。此外，顶叶还参与空间定位、身体姿势感知和运动协调。

　　颞叶位于大脑的侧面，承担着多个重要功能。其中一部分颞叶参与了听觉处理，包括对声音的分析和声音记忆的形成。另一部分颞叶则在情绪调节和记忆形成方面发挥关键作用。同时，颞叶还包含语言中枢，促使我们理解和产生语言。

　　枕叶位于大脑的后部，主要负责处理视觉信息。枕叶中的视觉皮质使我们能够感知和解释所看到的世界。如果枕叶受损，尽管眼睛本身功能正常，患者还是可能会面临视觉障碍，无法正确识别或解释所看到的事物。

　　这些脑叶之间相互连接和交互作用，形成了复杂的大脑网络。它们与其他脑区共同协调，以实现我们的感知、思维、情绪和行动。对于理解大脑的整体功能以及我们作为人类的行为和认知能力来说，对这些脑叶的研究至关重要。

　　新皮质的演化是哺乳动物进化的里程碑，它为哺乳动物提供了独特的智力和认知能力。尤其是，它使得人类能够进行抽象思维运作、逻辑推理以及体验复杂的情感。同时，新皮质还具有高度可塑性，可以通过学习和积累经验来适应甚至改变环境。上述高级认知能力和适应性使得人类能够创造和发展文化、科学和技术，推动社会的进步和演化。

　　新皮质和旧的脑区通过神经纤维彼此互联，交换信息。但新皮质并不能直接控制肌肉活动，因为它们没有任何细胞是与肌肉直接相连的。但新皮质可以向旧脑发出信号，要求旧脑执行指令。举个例子，呼吸是脑干控制的基本功能，不需要大脑的思考，但大脑仍然可以决定暂停呼吸并向脑干发出执行命令。

　　非哺乳动物不需要新皮质去应对复杂的生活，因此它们没有演化出这部分脑区。从这个角度上看，哺乳动物（尤其是人类）的确是演化中更高级的动物。

　　新皮质结构复杂且分工细致，我们在这里先做一个初步了解，之后我会在后面章节详细介绍每一个跟学习相关的脑区。

学习的基本发生单位：神经元和突触

　　学习新信息是人类大脑的重要功能之一。它涉及广泛的神经活动和脑区之间的协同工作。当我们集中注意力并关注某个信息时，大脑通过神经元[⊖]之间的相互作用将这些信息转化为化学电信号，并在不同的脑区进行处理和存储。

　　现在的脑成像技术，如功能性磁共振成像（fMRI），可以清晰地显示大脑主要由白质和灰质组成，如图 1-6 所示。神经元是大脑的主要细胞种类之一，而它们主要位于灰质中。神经元连接而成神经回路，神经回路的活动产生了我们的思维、知觉和情绪等。

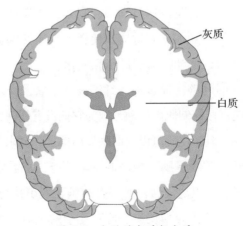

图 1-6　大脑的灰质与白质

图片来源：www.hellorf.com

⊖　KOCH C, REID R C. Observatories of the mind [J]. Nature, 2012, 483(7390): 397-398.

从更微观的视角观察神经元，科学家发现，每个神经元由一个胞体、一个轴突[⊖]和多个树突[⊖]组成，如图 1-7 所示。灰质与神经元的树突对应，树突越多、越长，显示在脑成像中的灰质就越多。神经元之间没有直接接触，而是通过突触[⊜]连接。突触是神经元之间的小缝隙，神经元通过神经递^⑭在突触中传递信息。不同的神经递质只与特定的受体结合，从而在神经元之间传递特定信息。

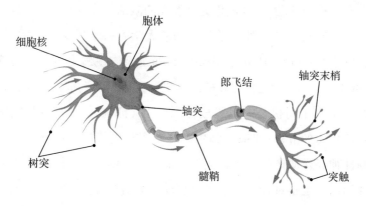

图 1-7　神经元的结构

图片来源：www.hellorf.com

⊖ PALAY S L, PALADE G E. The fine structure of neurons [J]. The journal of biophysical and biochemical cytology, 1955, 1(1): 69-88.

⊖ MALENKA R C, NICOLL R A. Long-term potentiation—a decade of progress? [J]. Science, 1959, 285(5435): 1870-1874.

⊜ KATZ B, MILEDI R. The measurement of synaptic delay, and the time course of acetylcholine release at the neuromuscular junction [J]. Proceedings of the Royal Society of London. Series b, biological sciences, 1965, 161(983): 483-495.

⑭ VALENSTEIN E S. The discovery of chemical neurotransmitters [J]. Brain and cognition, 2002, 49(1): 73-95.

学习新信息时，神经元之间的连接会发生变化，这被称为突触可塑性。突触可塑性使得神经元能够通过增强或削弱神经连接来存储和记忆信息。大脑内的信息传递主要发生在突触，也就是神经连接中。

突触分为兴奋性和抑制性两种类型，突触类型取决于神经递质和受体的相互作用。兴奋性神经递质产生正电流，而抑制性神经递质产生负电流。神经元的轴突产生足够的电位差时，会产生神经冲动⊖，也被称为神经元的激活。

世界知名神经教育学家、加拿大学习科学领军者、《神经教育学》（*Journal of Neuroeducation*）杂志主编史蒂夫·马森（Steve Masson）把神经元的激活机制比作驾驶汽车，而大脑就像一个汽车司机，一只脚放在刹车上（抑制），另一只脚则踩着油门（兴奋）。如果大脑用力踩刹车，也就是当树突中的抑制性神经递质产生一个较大的负电流时，即便大脑同时也用力踩油门，也很难让汽车前进，也就是激活神经元。相反，如果踩刹车用力较小，也就是抑制性神经递质很少，负电流也较小时，只要稍微踩下油门就足以让汽车快速前进了。在神经元的层面，是否能激活也是如此。因此，神经元是否被激活是兴奋性和抑制性刺激不断较量的结果。

神经元通过轴突将信号传递到突触小体，这个含有神经递质的小泡破裂，将神经递质释放到突触间隙。神经递质穿过突

⊖　HODGKIN A L, HUXLEY A F. A quantitative description of membrane current and its application to conduction and excitation in nerve [J]. Journal of physiology, 1952, 117(4): 500-544.

触间隙与临近的下一个神经元上的受体（每种受体只对特定的神经递质起作用）结合，从而触发该神经元的活动。一旦结合发生，信息就从一个神经元传递到另一个神经元。

学习过程中的神经活动发生在大脑的不同区域。不同脑区负责不同的功能和信息加工。例如，视觉信息主要在枕叶的视觉皮质加工，语言相关的信息则主要在颞叶加工。当我们学习新的视觉信息时，视觉皮质的神经元会被激活并参与信息的加工和存储。同样地，学习新的语言知识时，相应的区域主要在颞叶被激活。

加拿大著名神经科学家唐纳德·赫布（Donald Olding Hebb）提出了著名的赫布理论，后来也被广泛称为"赫布法则"或"赫布模型"。赫布理论是关于神经元之间突触连接强度变化和学习之间关系的理论。根据赫布理论，当一个神经元（发放神经冲动的细胞）重复地激活另一个神经元时，两个神经元之间的突触连接将变得更强。简而言之，"神经元之间的突触连接强度增加是由于它们的共同激活"。赫布理论强调了突触可塑性（即突触连接的可变性和适应性）的重要性。这种可塑性是学习和记忆的基础，它使得神经元之间的连接能够根据经验和环境的改变而改变。

也就是说，当我们学习新知识时，与这个知识相关的神经元会被激活，然后这些同时被激活的神经元会自发地连接起来，形成新的神经网络。当我们重复学习同一个知识时，相关神经元会再次被点亮，而它们之间的连接也就得到了再次强化。

学习、思考、肢体运动的发生都是神经元之间相互发送电信号的结果。当我们阅读一本书时，我们的神经元会在短短15 分钟内发生变化，产生更多的神经连接。因此，学习实际上是生成新的神经连接。

人脑内约有 1000 亿个神经元[⊖]，平均每个神经元跟其他 1 万个神经元相连。如果将这些神经元的轴突首尾相连，仅大脑皮质上的神经元就足够绵延 16 万千米，足以绕地球赤道 4 圈。在婴儿出生时，大脑内的神经元数量就已经非常惊人。因为婴儿需要对新世界中各种新刺激做出反应。视觉、听觉、嗅觉以及其他感觉信息纷至沓来，接受刺激的神经元将其细胞的一部分延伸出来，与其他神经元相连，从而形成一个密集的神经网络。

灰质是由神经元胞体及其树突聚集而成的，而大脑中的白质又是什么呢？

白质起到连接神经元的作用，因其外观呈白色而得名。神经元位于大脑不同的区域，甚至跨越左右脑半球，它们需要通过白质进行连接。白质的表面覆盖着一层髓磷脂，这是一种绝缘物质。白质中有许多长轴突密集排列，它们被髓磷脂包裹，就像电线包裹在橡胶中一样，起到绝缘的作用，使信号沿着轴突传递的速度成倍提高。

大脑的正常功能离不开髓磷脂，因为髓磷脂使得神经信号能够更快地传递，促进了不同脑区之间的信息交流和协调。

⊖ HERCULANO-HOUZEL S, LENT R. Isotropic fractionator: a simple, rapid method for the quantification of total cell and neuron numbers in the brain[J]. Journal of neuroscience, 2005, 25(10): 2518-2521.

学习对大脑的白质结构也有影响。研究表明，通过学习和训练，我们可以促进白质的形成。

总的来说，学习新信息是一个复杂而精密的过程，它涉及大脑的多个区域。但学习的基础是神经元的活动、突触可塑性以及不同脑区之间的协同工作。这些因素共同促成了我们对新知识的学习和记忆的形成，为我们不断适应和应对复杂的环境提供了基础。

学习就是改造大脑

学习对大脑的重塑和神经元连接的改变是一种令人惊奇的生物学现象。

具体而言，学习过程会涉及神经元之间的突触连接增强或减弱、突触数量增加或减少（即突触可塑性），从而形成新的关于学习内容的大脑回路和记忆储存。

哥伦比亚大学的奥地利裔神经学家埃里克·坎德尔（Eric Kandel）经过大量研究证实，当人在学习时，大脑回路也发生了变化。⊖这些变化导致了大脑在物理结构上的重组。他因为这项发现赢得了 2000 年的诺贝尔生理学或医学奖。他的研究表明，学习过程中的神经元连接的改变是学习和记忆的生理基础。这一突破性的发现使得我们能够更好地了解大脑如何学习以及积累经验，并为进一步研究神经可塑性的机制提供了

⊖ KANDEL E. Making memories [J]. The lancet, 2006, 367(9524): 1721-1722.

指导。

　　除了揭示学习对大脑结构和功能的影响，这项研究对于教育界和认知科学界也具有重要的应用意义。通过了解学习过程中的神经可塑性，我们可以开发出更有效的学习方法和教育策略，以促进知识和技能的习得。

　　神经可塑性体现了神经系统对外部刺激和经验的适应能力，它是学习和记忆的基础原理之一。在大脑中，神经元是构成神经网络的基本单元。学习的过程中，神经元之间的连接会发生变化，新的连接形成，旧的连接被弱化或消失。

　　当我们学习一个新的英语单词时，大脑的神经元会接收到来自视觉皮质的字母组合信息，并将其与来自听觉皮质的读音信息相联系。这种同时激活的神经元之间的连接被加强，形成一个新的神经网络，以存储这个单词的相关信息。学习一个单词涉及多个脑区的协同工作。在学习过程中，这些脑区之间的神经连接会发生改变，新的突触形成，加强了神经元之间传递信号的能力。这种增强的连接有助于我们更好地记住和回忆单词的意义和发音。

　　通过学习，我们可以改变大脑的结构。当我们学习新的知识、技能或经历新的情境时，大脑中涉及这些过程的区域会发生改变。例如，学习一门新的语言会导致语言相关脑区的增强和扩展，学习弹奏乐器则会引起运动控制相关脑区的变化。这些结构的改变使得我们能够更好地应对相应领域中新的挑战和任务。

　　同时，学习也影响着大脑的功能。当我们通过学习提高某个领域的技能时，相应的神经回路会被加强和优化。这使得我们在该领域的表现更加出色。例如，专业运动员通过不断的训练和学习，可以提高自己的反应速度、协调性和技术水平。

我们的身体非常奇妙，它应对环境的很多机制都是自动发生的，并不受到意识的控制。这些自动应对环境的机制，都是经过数亿年严苛的自然选择的演化产物，这些机制是让我们的祖先走过数百万年存活至今的根本机制。

我们可以轻易观察到一个在健身房反复训练肱二头肌的人，很快他的胳膊就会变得又粗又壮。肱二头肌得到锻炼刺激后，其内部的肌肉纤维改变了，毛细血管增加了，这能为肌肉提供更多能量和氧气。这就使得肌肉持续变粗壮。身体自己不能意识到这是它的主人在刻意塑造完美体形，它会认为这是生存环境的需要，只有让更多的肱二头肌生长出来，才能更容易生存下去。

无数证据都在表明这样一个不争的事实：**大脑在某种程度上就像肌肉。我们让它做的运动越多，它就变得越大、越复杂，当然，它能处理的问题自然也就越多。**大脑能做什么运动呢？虽然我们不能给大脑挂上 20 千克重的哑铃做拉伸练习，但我们可以通过学习和思考，让大脑得以锻炼。

学习实际上就是在改变大脑，让大脑变得更加强壮，更加善于学习。因为当我们经常学习时，大脑会认为生存环境发生了改变，新的生存环境要求更发达的大脑来进行更多、更高阶的学习。因此大脑会自动加强，来应对更多、更复杂的学习。

科学研究发现，野生动物与家养动物大脑之间的一个重要区别是：野生动物的大脑要比家养同类型动物的大脑大15%～30%。这很可能是因为家养动物已经被照顾得妥妥帖帖，除了吃就是睡，无须不断学习以面对复杂生存环境的挑战。野生动物则完全不同，野生动物要在野外学习适应环境，一不小心就会中毒或遭遇天敌，要学习的东西实在是太多了。著名思想家贾雷德·戴蒙德（Jared Diamond）在其普利策奖获奖作品《枪炮、病菌与钢铁：人类社会的命运》中的论述也证实，新几内亚的土著人为了学习适应复杂多变的自然环境，他们的大脑也比生活在城市里的人的更大。

这些观察都表明，大脑的神经网络绝不是一个固定连接的系统。相反，大脑是动态的，随时会产生新连接，也随时会断开已有的连接。大脑和我们的肌肉一样，是一种具有极强适应能力的组织。越频繁地学习，它的学习能力就越强。相反，如果停止学习一段时间，大脑的神经元之间的连接就会断开，大脑功能就会退化。

大脑遵循的原则和肌肉组织一样：用则进，废则退！

巩固大脑的神经连接对我们获取知识起着决定性的作用。学习就是改变神经元互相连接的方式。可以这么说，要学习，就必须改变大脑里的物理结构，产生新的神经连接，或者消除某些神经连接。

神经元在18岁之前也会自主增长，但并不是匀速增长，而是有时很快，有时很慢。但总的来说，剧烈的生长过程都发生在18岁之前。婴儿刚出生的时候，大脑里就具备了和成年人同样多的神经元，并且有多达100万亿个突触。此时他们大脑中突触的数量是成年人的 2 倍。既然婴儿的突触数量是成年人的 2 倍，那么为什么婴儿的行动能力和智力水平又都远远低于成人呢？

脑成像揭示，婴儿大脑里的白质很少，白质内的髓磷脂是加速传输的绝缘体。因此，此时的神经元没有得到绝缘体的包裹，它们之间的传输速度很慢，且连接并不稳定。大脑之所以要如此设置，是因为它并不知道我们要出生在世界的哪个角落，将要面对怎样的生存环境，或者将要学习何种语言。为了让我们在任何环境下都能生存，大脑只能预装上最大量的神经突触。但随着时间的流逝，为了节约能量，不妨碍身体其他部位的生长，最终在成年之前，大脑中的突触数量会急剧减少大约一半。

突触数量并不会一直下降，直到我们年满 18 岁，而是有起有落。从刚出生到生命的第 3 年，我们大脑里特定部位的突触数量会增加 2～3 倍。因为这是一段婴儿学习的关键期，行走、语言、身体控制都在这个时期得到快速学习。

婴儿看上去每天除了吃就是睡，似乎无所事事。但研究发现，婴儿每天都在通过与周围环境互动来疯狂学习，尤其是观察父母。因此这段时期，突触数量也会疯狂增加。然而这种增长并不会持续很久，很可能是出于节约能量的原因，大脑不久后就会开始修剪突触，把它认为用不上的突触通通抛弃。这次大规模修剪，会持续大约 5 年。等我们到了 8 岁，突触的数量又回到了成年人的标准。然后青春期会再一次重演这种快速增长的过程，但这次增长发生在大脑中的其他区域。经历过第二轮疯狂增长后，大脑还会再开启第二轮的疯狂修剪。在接近 18 岁的时候，我们的大脑终于稳定了下来，此时的突触数量相比刚出生减少了一半，大脑把它认为用不上的突触全部清理干净了。更重要的变化是，此时的大脑中，白质已经长出了厚厚的一层。也就是说，神经元间的传输速度加快了数千倍。

学习依赖于神经连接，因此很多科学家认为这两次处于大脑不同部位的疯狂增长期，也是两个学习的关键期。当然，大脑具有终身的可塑性，这就是为什么成年人一样可以学会新技能和新知识。

学习过程中，神经元之间的化学信号或电信号会在大脑中迅速传递。这些信号通过神经纤维和突触传递，形成一个复杂的信息网络。信号的传递和加工涉及神经递质的释放和再摄取，这些化学物质在神经元之间传递信息。信号的加工和保存依赖于神经元之间的相互作用和突触连接的调整。

学习不仅仅是为了获取知识，更是为了改变我们的大脑。通过不断学习和挑战自己，我们能够不断扩展自己的认知能力和技能，塑造更为强大和灵活的大脑。正是因为学习能够改变大脑，我们才能够不断成长、适应新的环境。

学习就是激活与学习目标相关的神经元

大脑的活动，包括学习和记忆，都是基于神经元的激活，神经元的激活会涉及电能。科学家形象地比喻：神经元之间电信号的传递过程很类似于电池中的电流传导过程，当有神经递质刺激一个神经元上的受体时，这个神经元就会产生一个被称为"动作电位"的电信号。这个电信号会沿着神经元的轴突向下传递到轴突的末端，同时引发神经递质的释放。这些神经递质又会激活另一个神经元突触上的受体，并且将上述过程重演一遍。

学习就是激活与学习目标相关的神经元，因为学习本质上是大脑通过神经元之间的连接和活动来获取新知识、技能和经验。

当我们学习时，与目标相关的神经元会传递电流，它们在脑成像图中可见为被"点亮"的状态。观看录像片段是一个常见的学习过程示例。在一项科学实验中，参与者观看了一段来自电视节目 5～10 秒的录像片段。之后，他们稍作等待后被要求回忆所观看的内容，并尽可能详尽地描述，以期在脑中再现刚才观看的内容。[⊖]

在播放这些录像片段时，一台电脑记录下参与者大脑中活动的图像，此时数百个神经元被激活，呈现为在电脑图像中的亮点。当播放不同的录像片段时，大脑中亮起的神经元形成的图案也各不相同，有些神经元会特别明亮，而其他则没有反应。也就是说，观看不同录像片段，大脑中被激活的神经元就会不同。

令人惊奇的是，当参与者回忆所看录像时，大脑神经元激

⊖　KREIMAN G, FRIED I, KOCHK C. Single-neuron correlates of subjective vision in the human medial temporal lobe [J]. Biological sciences, 2002, 99(12): 8378-8383.

活后的亮点构成的图案，与他们观看录像时的亮点图案完全相同。回忆时的大脑反应与观看录像片段时居然一模一样。

这项研究证明了学习的本质，也是学习最重要的原则之一，即激活与学习目标相关的神经元。大脑通过刺激和经验，在不断改变和适应，从而促进学习和记忆的形成。

神经连接的可塑性是学习的关键。虽然传统上认为，人在胚胎阶段和幼儿时期发育完成后，大脑结构和神经连接都基本固定下来，并且不再发生变化。但如今，科学已经颠覆了这一认知，成年之后，我们的大脑仍然具有可塑性，能够通过改变神经连接来学习。很多研究证明，老年人虽然学习能力下降，但仍然具备神经可塑性，可以习得新知识和新技能。

知识如何存入大脑：编码

那么，知识是如何进入大脑并被存储下来的呢？答案是编码。

知识是通过编码进入大脑并被存储下来的。当信息进入我们的感官系统时，它会被转化为神经活动，这个过程就是编码。编码涉及大脑中神经元之间的连接和活动。

一天，我和朋友从位于纽约中央公园的大都会博物馆出来，和其他很多人一样，坐在台阶上休息、聊天、刷手机。参观博物馆实在是个体力活，大家从博物馆出来都显得很疲惫。一件事吸引了所有人的注意，一个街头艺人在台阶下方的空地上开始玩抛球杂耍。这种杂耍在电视里很常见，但这还是我第一次看真人秀，不免兴奋起来。艺人刚一开始表演，就立即吸引了几乎所有路人的目光。大家停下脚步、放下手机、目不转睛地观看他的精彩表演。他先从三个球开始，左手接球交给右手，右手再将球抛向空中。因为无论何时，他的两只手里都只能各容纳一个球，所以三个球中至少要有一个在空中，不等空中的球落下，手中的球就完成传递并脱手而出，这样他才能接到落下的那个球。循环往复，非常熟练。几个回合后就增加到了 4 个球，节奏掌握娴熟、顺畅飞快，4 个球都没有任何要偏离掌控的意思。接下来是 5 个球、6 个球、7 个球，最后增加到 8 个球。这样杂耍了大约有 1 分钟，他停了下来，掌声从四面八方响起。很多人开始向他留在地上的一个帽子里投放硬币和小额纸币。不难想象，练就这般技术，需要经年累月的刻苦练习。

　　非常巧，研究人员对大脑如何学习抛球杂耍做过科学研究。《自然》杂志在 2004 年发表的一篇研究论文比较了被试学习杂耍前和学习后的大脑灰质的变化。[○]我们在前面章节介绍过，灰质是由神经元胞体及其树突聚集而成的。研究人员邀请了一些不会抛球杂耍的实验对象来学习这项技能，并获取了实验对象在训练前、训练后以及完全停止训练 3 个月后的大脑结构图像。结果发现，在训练开始之前，研究对象的大脑中与运动感知相关的区域具有一定数量的灰质。经过

○　DRAGANSKI B, GASER C, BUSCH V, et al. Changes in grey matter induced by training[J]. Nature, 2004, 427(6972): 311-312.

3 个月的训练后，研究人员观察到在学会杂耍的被试的大脑中，该区域的灰质数量显著增加了。有意思的是，在训练停止 3 个月后，原先增多的灰质又减少了，然而仍然多于训练前。

这项研究再一次充分说明了大脑的可塑性。当我们学习一项新技能、阅读一本书或者听老师讲一堂课时，大脑里数以万计的神经细胞正以多样化的形态来编码信息，将我们对环境的感知转化成记忆并让记忆自然地成为大脑的一部分。学习的过程，就是产生新的神经连接。我们所做所想及所感知的每件事，都是通过大脑里的神经元的相互连接来控制的。

不仅仅是神经元间的连接会影响学习经验，我们的思想、行为和环境也会反过来影响它们。大脑是非常灵活的，神经元之间的连接不仅在学习过程中形成，还会因为使用或不使用而增加或减少。如果停止使用某项技能，相关的神经元连接会逐渐减少，从而导致我们逐渐变得生疏。

有趣的是，神经元不仅会因为环境和经验改变，它们还"认识"那些激活过它们的人或事。《自然》杂志 2005 年刊登了一项非常有趣的研究，这项研究涉及八名患有癫痫的患者，他们都在治疗过程中临时植入了监测脑细胞活动的设备。英国医学科学院院士、莱斯特大学系统神经科学研究中心主任罗德里戈·奎安·基罗加（Rodrigo Quian Quiroga）及其同事利用这一机会监测了患者们神经元的放电活动。他们用笔记本电脑向受试者展示了名人、动物和地标建筑等十几种类别的图片。每个人总共看了近 2000 张图片；每次坐下来，他们都会连续

看到大约 90 张图片。⊖

　　研究人员发现，患者们在观看图片时，大脑深处的内侧颞叶的神经元非常具有选择性。例如，一名患者的神经元几乎只对比尔·克林顿⊜的不同图片做出反应。《老友记》女主角瑞秋的扮演者詹妮弗·安妮斯顿（Jennifer Aniston）的各种图片引发了另一名患者内侧颞叶单个神经元的反应。基罗加还发现，一个受试者中的一个神经元对女演员哈莉·贝瑞（Halle Berry）的各种图片，甚至仅仅是她的名字有选择性地做出反应。

　　这项实验向我们揭示：大脑的神经元会根据后天的经验，对熟悉的事物做出反应。换句话说，记忆编码成功后，神经元就会记得我们的经验。

本章小结：学习塑造独特的自我

　　从出生的那一刻起，学习就自然或不自然地成了一项需要我们全身心投入的活动。我们从最基本的生活技能开始学习，说话、行走、奔跑，逐渐发展到更复杂的技能和知识。无论是在幼儿园学习社交规则，还是在大学追求深入的学科知识，学习贯穿着我们的一生。即使不再接受正式教育，我们仍然在通过与环境和他人的互动不断汲取知识。

⊖　QUIROGA R Q, REDDY L, KREIMAN G, et al. Invariant visual representation by single neurons in the human brain [J]. Nature, 2005, 435: 1102-1107.

⊜　美国第 42 任总统。

我们的记忆、知识、技能甚至个性都来源于我们的学习历程。

不仅学习改变了我们的大脑结构，大脑结构也反过来改变了我们的行为方式。

尽管人类大脑的基本结构是由基因决定的，但大脑的许多神经连接在出生时尚未完全形成。这些连接是根据我们在成长过程中所经历的外部环境而形成的，它们依赖于我们的感官和语言功能。

尤其是哺乳动物独有的新皮质，是为了适应后天学习而演化出来的。当我们出生时，新皮质对世界一无所知，它的固有结构旨在观察和学习，为了让我们无论身处撒哈拉沙漠还是巴西热带雨林，都能很好地适应环境，持续生存。

大脑最初并不了解它将要面对的世界是什么样的，能看到什么、会听到什么，以及需要学习哪种语言。因此，新皮质必须通过了解和熟悉环境来积累经验，以适应并掌握这个世界。

学习通过神经可塑性来影响我们的大脑，进而塑造我们独特的自我。神经可塑性是指大脑在学习和经验的影响下，其神经元之间的连接发生变化的能力。当我们学习新知识、掌握新技能或经历新的情境时，大脑的神经元会重新组织、建立新的连接，并加强或减弱现有连接的强度。

神经可塑性在学习过程中发挥着重要作用。当我们接触新的学习材料时，大脑中的神经元开始建立新的连接，形成新的神经回路。这些回路被加强和巩固，使得相关的信息能够得到更有效的传递和处理。但同时，没有使用的连接会逐渐减弱和消失。这种神经回路的形成和优化，使我们能够更好地理解和应用所学的知识和技能。

科学家常将大脑的神经网络比作一片茂密的森林，学习和记忆的过程就像在这片森林中行走探索。当我们开始学习新知识时，就像进入一片原始茂密的森林一样，最初的探索充满困难。我们需要克服困难，披荆斩棘，开拓道路。通过不断努力和学习，我们逐渐熟悉并掌握新知识，与特定学习内容相关的大脑回路就像在森林中的道路一样，留下越来越深的痕迹。这些路径最终形成了一条条平坦的大道，甚至可能被铺上石子和沥青，成为连接两个点之间的宽敞又快捷的高速公路。类似地，当我们反复学习和提取知识时，从大脑中提取知识变得轻松而自然，就像在高速公路奔驰一样。

正因为存在神经可塑性，学习得以重塑我们的大脑连接和功能，进而塑造我们独特的自我。通过主动学习、思考和应用所学，我们建立了特定的神经回路和连接方式，培养了独特的认知能力和行为模式。这使得我们每个人都有自己独特的思考方式、技能和个性特质。

揭秘记忆

当时我左脚踏空，正从一段悠长、漆黑的楼梯的顶端往下坠落。

我先是向左前方开始倾斜，起初很慢，接着加快。我拼命抱紧怀里的资料，怕它们散落出去，心里祈祷着，摔倒后这些书没有事。整个摔倒过程应该在数秒以内完成。然而，在那电光火石的一瞬间，时间仿佛被调慢了，就像电影中的慢动作一样，至少被拉长了数倍。在身体触地之前，我迅速思考了一个经济问题："这些书和资料要不要扔掉？如果扔掉，我就可以腾出两只手来保护好自己。"

我还没来得及计算出我的损益平衡点，就听到我的左臂先行着地发出的"咔"的一声巨响。这是左臂肘关节率先着地发出的声音，它承受了我身体和资料的全部重量。接着响起一连串"咔"的声音和"啊——"的本能呼喊，我沿着楼梯一路跌到楼梯底端，书本和资料散落了一地。

我尝到了地板上的土的腥味，松了一口气。当时的第一个念头是：这下好了，今晚的案例别想读完了。

直到 10 多年之后的今天，那一晚的整个过程还是如此清晰，从楼梯顶端跌落的一个个慢镜头，就像电影放映般再现于脑海。每当这时，我都感觉自己像是进入了时空隧道，重回事发现场。那天雨后的空气里夹杂着的泥土气息，似乎又充满了整个鼻腔。恐惧的情绪会再次袭扰全身，让自己不由得全身紧张起来，我能明确地感到心跳也加快了。整个过程真切得令人难以置信。

我从来没有注意到自己可以在一瞬间记住如此多细节。记忆不仅让我们生活的点点滴滴得以驻留心中，更是我们理解世界的钥匙。

记忆是所有学习的基础，认知科学为我们提供了深入的洞见。记忆在学习中扮演着关键的角色，对于我们获取、处理和应用知识起着重要的作用。

学习首先会涉及获取新的信息和概念，然后将其整合到我们已有的知识框架中。这个整合过程依赖于记忆，因为我们必须回顾和回忆以前学过的内容，将其与新学习的材料相联系。通过记忆，我们才能够建立起知识的网络，使其更加牢固和可靠。

记忆对巩固和加深学习也不可或缺。当我们经历学习过程时，记忆的机制使得新的信息在我们的大脑中得以稳定储存。这种巩固的过程涉及神经元之间的连接加强和新的神经回路的形成，从而提高我们对信息的保留和回忆能力。通过不断回顾和重复学习，记忆的坚实基础得以建立，使我们能够更长久地保存所学的知识。

此外，记忆对于学习的应用和迁移也起着重要的作用。学习并不仅仅是为了记住某些具体的知识或技能，而是为了能够将所学的应用到新的情境中。通过记忆，我们能够将之前学到的知识和经验迁移到新的问题和挑战中。记忆不仅仅是简单地储存信息，更是为我们提供了理解、分析和解决问题的工具。

记忆对于学习的自我评估和元认知能力也至关重要。通过回忆和回顾学习的内容，我们能够评估自己的理解程度和知识水平。这种自我评估有助于我们发现自己的知识盲区和不足之处，并采取相应的学习策略来填补这些缺漏。记忆还能帮助我们认识自己的学习风格和喜好，从而更有效地选择适合自己的学习方法和资源。

记忆是学习的基石。这一章，让我们一起探寻记忆的秘密。

记忆，存储在哪里

记忆并非人类独有，一些动物同样也有记忆。鸽子之所以在古代能作为传递书信的信使，是因为它们具有强大的长时记忆，并且能够凭借记忆识别多达 1200 张图片。[一]经过测试，北

[一] HAMPTON R R, SHETTLEWORTH S J, WESTWOOD R P. Proactive interference, recency, and associative strength: comparisons of black-capped chickadees and dark-eyed juncos [J]. Animal learning & behavior, 1998, 26(4): 475-485.

美星鸦会像松鼠一样把食物储藏起来，在必要时找到食物。在一项测试中，北美星鸦在有 69 个食物埋藏点的房间里最多能记住 25 个点，而且过了 285 天后仍然记得。[⊖]跟人类关系更近的灵长类动物的记忆力更强，狒狒能记住至少 5000 种物品，并且记忆时间保持 3 年以上。人类是目前所知的长时记忆能力最强大的物种，目前还没有任何方法可以测算出一个人的记忆容量，哪怕是数量级都很难估测。

要想破解记忆的奥秘，第一件事恐怕就是要弄明白，记忆到底存储在哪里。

认知科学家和脑科学家一直想弄清楚记忆到底存储在大脑的哪个区域。因为一旦清楚了这一点，很多关于遗忘的疾病就有机会得到治愈。而且，一旦我们知道了主管记忆的脑区，就有机会通过后天训练，来增强记忆和学习的能力。

亨利生活在美国康涅狄格州哈特福德市，健壮有力，热爱打猎。但不幸的是，他在 7 岁时因为一次自行车事故而患上了严重的癫痫。随着年纪的增长，他的癫痫发病越来越频繁，每天要发作 2～3 次，而且发病状况也越来越严重。亨利的癫痫似乎格外严重，他自己和他的家人都难以相信健康阳光的亨利发病时的恐怖场景，他口吐白沫，不停抽动身体。家人为防止他咬到自己的舌头甚至窒息，需要花很大的力气才能稳定住他的身体。可怕的是，这种情况一周要发生 10 次，亨利已经丧失了独自生活的能力。四处求医，尝试各种民间偏方都未能治

⊖　CLAYTON N, DICKINSON A. Episodic-like memory during cache recovery by scrub jays[J]. Nature, 1998, 395(6699): 272-274.

好他。亨利成年以后无法正常工作，甚至连正常生活都受到了威胁。抗癫痫药物对他也完全不起作用。

1953年，27岁的亨利在万般无奈下，决定参与一项医疗实验。他来到哈特福德医院（Hartford Hospital），接受了当时著名的神经外科学家、耶鲁大学教授威廉·比彻·斯科维尔（William Beecher Scoville）的治疗。20世纪50年代，神经病学家大多认为癫痫性抽搐源于大脑的内侧颞叶。他们认为，疾病从那里扩散至其他脑区，导致病患剧烈抽搐甚至失去意识。当时，人们越来越明确，可以采用手术切除导致抽搐产生的脑区来治疗癫痫。斯科维尔是一位享有盛誉的神经外科医生，在穷尽了所有其他方法后，他只能建议亨利切除颞叶，而颞叶中包含海马。在这之前，斯科维尔医生也为其他人实施过这样的手术，但那些人和亨利最大的不同是，他们都是精神疾病患者。因此斯科维尔医生并没有发现有什么不妥。

手术很成功，在70年前的医疗条件下，亨利从如此高风险的大脑手术中活了下来，而且癫痫发作也明显减少了。然而医生、家人和朋友很快就意识到了亨利的新问题：他的大脑再也无法形成新的记忆，而且亨利在手术前一段时期的记忆也完全消失了。幸运的是，亨利记得更早的事情，他仍然记得自己的家人。他也同样具有很好的短时记忆，能把电话号码和人名记住大约30秒，并能背诵30秒内所记的事物。然而，亨利手术后无法记住任何新遇见的人，也无法记住新发生的事情。

现在已经是加拿大麦吉尔大学神经科学教授的布伦达·米

尔纳（Brenda Milner）对亨利进行了长达 40 年的长时期研究。[注]每周末她都需要从加拿大魁北克省蒙特利尔市前往美国的康涅狄格州去见亨利。在她的研究过程中，只要离开几分钟，亨利就会不记得她，所以每次碰面都需要重新认识。1962 年，米尔纳发表了她对亨利的研究成果。为了保护亨利的隐私，她在报告中用 H.M. 代替全名。这份报告的影响非常深远，虽然是在报告发表后过了一段时间才显露出来。因为，关于记忆存储的地方，从此有了更清晰的答案。

正是由于失去了海马，亨利才无法记住新的人名、面孔、数据或自己的感受。**海马，被证实的确是构筑记忆的关键。**没有海马，亨利没有办法记住任何新东西。他记不得刚刚发生过什么，记不得自己刚刚说过什么或做过什么，对于自己的所思所感以及自己见过什么人一点儿也记不起来。

在亨利之后，海马对形成记忆至关重要的假设不断被科学研究证实。

克莱夫还不到 50 岁就已经事业有成。他不仅是剑桥一所大学的指挥家，还是英国广播公司的制作人。1985 年春，克莱夫开始感到头疼和身体疲倦，他把这些归结于自己的过度工作。他怀疑自己得了慢性流感，因此没有在意。但是头痛迅速加重，以至于他无法入睡。他开始发烧，体温一度高达 40 摄氏度，并且在 37.8 摄氏度徘徊了好几天。克莱夫开始出现神志混乱，时而昏迷，时而清醒。最后在医院，他被确诊为疱疹

── SQUIRE R L. The legacy of patient H.M. for neuroscience [J]. Neuron, 2009, 61(1): 6-9.

病毒性脑炎，这是病毒侵入大脑所致。最初，医生们对克莱夫能否活下来并没有信心，但他最终从病毒感染中康复了。

很不幸，脑炎严重破坏了克莱夫的海马。康复后的克莱夫和亨利一样，短时记忆的能力完全丧失，他无法记住 5 分钟前发生的事情。还好，他保留了脑炎患病之前的所有记忆，他记得自己的家人和妻子，也知道自己是谁，他只是无法形成新的记忆。克莱夫喜欢写日记，但他的日记通常是这样的开头："我第一次感觉到……"〇然后写下先前已经出现在日记里的内容。

现在，证据确凿，海马在记忆的储存方面的确发挥了不可替代的作用。海马通过内嗅皮质从脑的所有感官输入区接收大量的神经投射，为大脑形成新记忆。

然而新问题是：海马如此之小，它又如何能装载一个人长达一生的记忆呢？

牛津大学的神经科学家曾经做过这样的估计：假设大约由 1 万个神经元组成的一条回路对应一种新记忆，那么海马内可能含有约 5 万种记忆。这对一个人一生里的所有记忆来说还远远不够。而且，亨利的海马被切除和克莱夫的海马受损，并没有使他们忘记所有手术前的事情。因此可以断定，长时记忆并不存在于海马里，至少不是全部存储在海马里。

现代的脑科学家已经广泛认可，海马仅暂时保存新的记忆，然后通过某种机制，新的记忆被逐渐转移到更稳定且容量更大的新皮质。海马对瞬息万变的具体信息的反应是，将先前

〇 WEARING D. Forever today: A memoir of love and amnesia [M]. London: Doubleday, 2006.

的知识和这些新信息交叉起来，以生成我们不断变化的记忆。但海马绝对不是记忆储存的终点。

答案终于得到揭晓，约占脑重 70% 并且覆盖了整个大脑的新皮质，才是记忆最终存储的地方。这一下，好多问题都解释得通了。

为什么会遗忘

大多数人在 3 岁之前都无法记住刚刚学会的事情，即便这些事刚刚发生过，这被称为"童年失忆症"。3 岁以后，我们会越来越记得发生了什么事情，以及它们发生的时间。这是因为，记忆往往伴随语言。正是从 3 岁开始，我们的语言能力已经初步具备。通过语言的描述，发生的事件在大脑中得以编码，我们就更容易记住这些事件。于是，很多记忆就变得鲜活起来。

根据父母的证实，我在 3 岁时就已经和其他小孩一样具备了正常的语言能力，有时候说的话还颇有哲理。即使是语言发育迟缓的人，他们至少都会拥有很多 5 岁之前的记忆片段。但是我，没有任何关于 5 岁之前的记忆。仿佛我一出生就是 5 岁，那个年纪之前的所有经历在记忆里都是完全空白的。我只能听父母和姐姐讲起我 5 岁前的事情，很多故事听上去非常有趣，但是我的大脑里搜索不到任何这些记忆的线索。它们既不会出现在我的回忆里，也不会出现在我的梦里。虽然我出生在号称世外桃源的新疆伊犁盆地，但我感觉对新疆无比陌生，想不起那里的一花一草，以及生活了数年之久的居所里的一景一物。

　　父母最经常说起的一件事，发生在我 4 岁的时候。那一年，我和姑姑从新疆坐火车到西安。据说爸爸拜托部队的卡车司机带着我和姑姑翻越天山来到乌鲁木齐，登上开往中原的列车。据我的姨妈回忆，我下火车的第一件事就是要求她给我父母发电报说已经接到我了。

　　我想我之所以对这些精彩得像电影一样的情节毫无印象，很可能是因为我到了西安不久后，得了一场大病——感染了破伤风。没有人知道我是如何感染的破伤风梭状芽孢杆菌，很可能是刺伤我皮肤的金属上携带了这种致命细菌。它可以产生神经毒素，毒素进入神经系统后，会扰乱神经细胞兴奋和抑制之间的正常平衡。中毒的神经细胞变得异常兴奋，不停向肌肉发送信号，导致肌肉长时间痉挛。一个破伤风梭状芽孢杆菌可以在 20 分钟内变成两个，而且这个数字每 20 分钟就会增加一倍。按照这个指数增长的逻辑，一个细菌可以在几十小时内分裂成无数个细菌。要想获得救治，就得与时间赛跑。根据家人的回忆，我是在午夜时分出现了破伤风的典型症状：面部肌肉痉挛和身体抽搐。还好发现得早并及时送到了医院。在整个治疗过程中，医生反复跟我的家人说，只要再晚 30 分钟到医院，就肯定没救了。

　　很多人都有受到外伤后被医生要求注射破伤风疫苗的经历，实际上，疫苗就是为高死亡率和无法治愈的疾病而特别准备的预防方案。即便是科学如此发达的今天，破伤风的平均病死率也达到了 20%～30%，重症患者更是高达 70%。我在丹麦的时候，有一次在医院告诉医生我得过破伤风，医生当场惊掉了下巴，他无法相信在当时的中国有人得过这种病还能存活下来。爸妈经常跟人说，我的命是儿童医院的医生捡回来的。当时父母两边的所有亲戚都被紧急动员起来，全面参与了我的救援工作，他们托人从不毛之地购买天麻、蝎子、蜈蚣来给我做药。不知道是幸运还是不幸，我完全不了解自己的患病过程和痊愈过程，因为我还是没有留下任何记忆。

我一直在猜测，是不是神经毒素破坏或者重塑了我的大脑新皮质，致使这场病抹去了我在生病之前所有的记忆。还好，病愈后我仍然认识我的家人。

我努力过很多次想找到自己记忆的源头，画面永远是我在扶着把手上楼梯，妈妈在旁边小心地拉着我，防止我摔倒。这段记忆显然是我病愈出院后的很久以后才有的，那时我们全家刚搬到爸爸新工作的研究所的职工宿舍楼，一家四口挤在一个大开间里生活。我记得我们住在三楼，每次上下楼梯，我都需要扶着楼梯把手或墙壁，妈妈在旁边小心翼翼地保护我，防止我摔倒。因为虽然病愈，但我似乎暂时失去了掌握平衡的能力，很容易就会摔倒。

一家人坐在饭桌前的时候，经常听到姐姐讲起新疆的趣事，我们姐弟俩骑在马背上，被大人带着游历草原边疆，翻山过河，异常有趣。每当这时，我都只能羡慕地一边听一边尽一切努力去回想。但这些记忆，真真切切地毫无踪影，大脑里连想象的空间都没有留下。

毫无疑问，是大脑让我们能够记忆，并且在日后回忆。也是大脑，让我们有能力学习和推理、感受和记忆。学习的基础非记忆莫属。因此，认知心理学家最喜欢的研究方向之一就是记忆。学习任何新内容，都需要旧的记忆来支撑。这就好比建一座 100 层的高楼，每一层都必须基于下一层具体扎实的存在才能构建。因此，记住旧的学习内容，是理解并记忆新的学习内容的根本。

关于遗忘现象，科学家并不是等到发现了记忆存储的位置后才开始研究的。遗忘现象早就引起了科学家的广泛兴趣。

演化生物学、人类学、认知心理学和神经科学界都一直在追问这个问题：为什么会遗忘？亨利和克莱夫这样不幸的患者会遗忘，是负责将短时记忆转化成长时记忆的关键脑区海马的损坏造成的。那么我们无法记住想要记住的事情，比如某条物理定理，又是怎么回事呢？

关于为什么会遗忘，科学家们的解释是这样的：

第一，人体无法提供维护和提取所有信息所需要消耗的巨大能量。农业出现之前，能否吃到足够的食物以补充人体需要的热量决定了人能否生存，因此过大的大脑显然威胁了生命延续。大脑需要修剪它认为用不上的神经连接，来保证大脑的尺寸不至于过大。**大脑自主选择它觉得重要的信息并留下来，把剩下的都一股脑儿抛掉**。对于大脑来说，不断遗忘才是维持生存的硬道理。

第二，大脑需要放松的机会。投入注意力进行学习或思考，就像肌肉在做拉伸练习，会让肌肉紧绷起来。但我们都知道，任何肌肉都不能长时间处于紧绷状态，如果肌肉得不到喘息的机会，就会僵死。遗忘对于大脑来说，就是一种让肌肉恢复弹性的机制。

　　第三，也是对学习至关重要的，**如果没有遗忘，一旦我们形成了错误的认知和记忆，就无法得到更改**。因此，遗忘还给了我们机会修正错误。

　　美国加州大学洛杉矶分校的比约克夫妇（Robert A. Bjork 和 Elizabeth Ligon Bjork）在认知科学研究领域誉满全球。他们长达数十年专注于研究学习和记忆，并且提出了备受科学界认可的记忆失用理论[○]。根据他们的理论，如果某段记忆没有被提取和使用，那么它会逐渐在大脑中消散、被遗忘。

　　记忆失用理论主要强调了记忆力的两个关键方面：**存储能力和提取能力**。根据这个理论，如果某段记忆不被提取和使用，它将逐渐在大脑中退去，最终消失殆尽。

　　存储能力，是指我们的大脑对信息进行编码和保存的能力。当我们经历某个事件或学习某个知识时，大脑会将相关的信息编码并存储在神经网络内的突触连接中。提取能力，是指我们将记忆中的信息提取到意识中的能力。当我们需要访问存储在大脑中的记忆时，提取能力起着关键作用。如果我们无法成功提取记忆，那么这个记忆就不会被有效地使用。

　　○　BJORK, R A, BJORK E L. A new theory of disuse and an old theory of stimulus fluctuation [M] //HEALY A F, KOSSLYN S M, SHIFFRIN R M. From learning processes to cognitive processes: essays in honor of William K. Estes: volume 2. Hillsdale: Erlbaum, 1992, 35-67.

根据比约克夫妇的理论，如果一段记忆没有经常被提取和使用，它就会变得脆弱，容易被遗忘。这是因为大脑为了有效利用资源，会对不经常使用的记忆逐渐减少维持和保留的投入。

换句话说，如果我们想要保持和巩固记忆，就需要通过反复提取和使用来加强存储和提取能力。这可以通过复习、回顾和使用记忆来实现。比如我们先记住了乘法口诀表，然后通过做一些练习题目来回顾和使用这段记忆，这样就可以使相关记忆得到加强。因为积极地使用记忆有助于加强相关的神经连接，并促进记忆的保持和提取。

学习的最大障碍莫过于学过的东西会被逐渐遗忘。如果能将学习的内容准确记住很长时间，学习能力无疑就会得到加强。科学家在上百年的时间里，不断寻找记忆和遗忘的秘密，以期找到最佳的学习和教学方法。

遗忘曲线的另一面

世界上第一个与遗忘相关的实验是德国心理学家赫尔曼·艾宾浩斯（Hermann Ebbinghaus）对自己做的。艾宾浩斯创造了 2300 个无意义的由三个音节组成的"元素"，比如"XOF"或"ZAX"，并将它们随机排列为组，每个组包括 7~36 个数量不等的"元素"。他对这些无意义的音节进行记忆练习，并记录了超过 800 个小时的练习过程。通过这个漫长的记忆练习，艾宾浩斯总结了他在不同的时间间隔后的记忆正确率。

　　艾宾浩斯的著作《记忆》(*Memory: A Contribution to Experimental Psychology*)一经出版就引起了巨大轰动，有人根据他的研究绘制了图 2-1 中的遗忘曲线。时至今天，这个遗忘曲线还对个人、学校以及各种教育机构所使用的学习和复习方法起到至关重要的指导作用。

　　根据艾宾浩斯的研究，我们在学习新知识后，最初会迅速记住一部分内容。然而，随着时间的流逝，我们会逐渐忘记这些信息。艾宾浩斯的遗忘曲线显示，遗忘最为迅速的阶段发生在学习后的最初几个小时。

　　具体而言，艾宾浩斯发现，如果我们没有对所学内容进行复习和巩固，那么在学习后的 20 分钟内，我们可能就会遗忘掉接近一半的信息。随着时间的推移，遗忘速度会进一步加快。在学习后的 24 小时内，我们可能会忘记约 67% 的信息。6 天后，可能只能记住原始学习内容的约 25%。

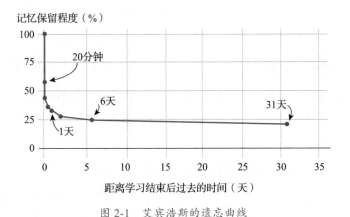

图 2-1　艾宾浩斯的遗忘曲线

图片来源：https://practicalpie.com/ebbinghans-forgetting-curve/

除了总结出了遗忘的速度变化，艾宾浩斯的研究还揭示了一个重要的规律：通过及时的复习和巩固，我们可以大大减缓遗忘的速度。如图 2-2 所示，通过反复提取和使用记忆材料，加强存储和提取能力，我们能够改变遗忘曲线，从而更好地保留所学的知识。

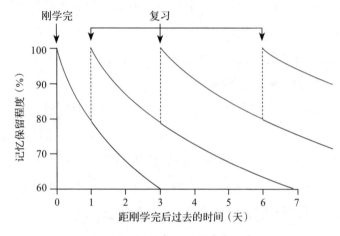

图 2-2　经过复习后的遗忘曲线

图片来源：https://practicalpie.com/ebbinghans-forgetting-curve/

因此，艾宾浩斯的遗忘曲线提醒我们重视复习和巩固学习内容的重要性。通过根据遗忘曲线的原则进行定期的复习，我们可以最大限度地保持和加强所学的知识，提高记忆的持久性和可靠性。

艾宾浩斯对于遗忘的研究的确催化了研究人员对遗忘这一现象的持续探索。但显然，这个遗忘曲线并不完美，甚至还有很多瑕疵。

遗忘曲线横空出世的几十年后，准确地说是 1913 年，一位英文教师兼科学研究员菲利普·博斯伍德·巴拉德（Philip Boswood Ballard）发表的研究报告，就与其结论不一致。他让一些小学生背诵朗费罗（Longfellow）的一首韵文诗《"金星号"遇难记》(*The Wreck of the Hesperns*)。这些孩子学习 5 分钟之后就接受了一次考试，成绩没什么特别的：记住了一些，但也忘记了很多。

具有创造力的是，巴拉德想知道，如果时间更久一些，孩子们会不会忘记更多？按照艾宾浩斯的遗忘曲线，答案应该是肯定的。两天之后，巴拉德又突击考了孩子们一次。学生们完全不曾想到还要再考，所以都毫无准备，有的学生甚至埋怨为什么又要考而且还不给准备机会。

测试结果令老师和学生都大吃一惊：没有任何复习的情况下，学生们的平均成绩反而提高了 10%。

这不但不符合艾宾浩斯的遗忘曲线，甚至有违人们的常识，这可把巴拉德搞糊涂了。于是又过了几天，他又搞了一次突然袭击，结果更是让他坐不住了。这一次，又有多个孩子成绩大涨：有的孩子从原本的能默写 15 行提高到了 21 行，有人从 3 行提高到 11 行，有人从 9 行提高到 13 行。

巴拉德简直不敢相信自己的实验结果，之后数年他又陆续组织了成百上千次类似的测试，参与的孩子多达万名，但结果始终一样。[⊖]

──────────

　⊖　BALLARD P B. Obliviscence and reminiscence [J]. British journal of psychology, 1913, 1(No.Ⅱ): 82.

　　艾宾浩斯的实验表明，学习后的数小时内遗忘速度非常快。第二天开始，遗忘速度大幅减慢。但无论如何，随着时间的推移，学习的内容总是会被遗忘得越来越多。但巴拉德的实验结果正好相反，记忆在最初的几天里不但没有像艾宾浩斯遗忘曲线那样减退，反而会增加，哪怕是没有做过任何复习。

　　当然，巴拉德的实验也是有时间条件的，记忆在最初的几天里不降反升，但平均从第四天开始，记忆仍然会逐渐消退。

　　巴拉德的记忆增长研究一经发表就引起了一番骚动。这项研究不仅没有被给予褒奖，反而饱受诟病。很多人对这项研究猛烈地抨击，质疑其真实性。还好，60多年后，斯坦福大学的一项研究最终印证了巴拉德的实验结果。

　　当时就职于斯坦福大学的马修·埃尔代伊（Matthew Hugh Erdelyi）和杰夫·克莱因巴德（Jeff Kleinbard）邀请了一批学生，给了他们60幅素描简笔画，让他们努力记住画里的内容。这些简笔画画的都是日常用品，比如电视和鞋子，但是简笔画里并没有文字。这些画都用幻灯片播放，一次一张，每张5秒钟，参与者逐一过目。随后，参与者立即接受测试，他们有7分钟时间写出能记得的物品名称。结果平均成绩是27个。

　　10个小时后再测试，平均成绩不仅没有下降，反而增长到了32个；一天之后，34个；到了第4天，居然增长到了38个，比第一次测试多出了11个。之后，便不再增长。⊖

　　⊖　ERDELYI M H, KLEINBARD J. Has Ebbinghaus decayed with time? The growth of recall (hypermnesia) over days [J]. Journal of experimental psychology: human learning and memory, 1978, 4(4): 275-289.

两位科学家又找来第二批学生观看类似的幻灯片，但这一次幻灯片里没有素描画而只有文字描述的物品名称。学生们的成绩在最初的 10 小时内从 27 个上升到 30 个，之后便不再继续上升。在随后的几天里，这两组参与者的分数都呈现缓慢下降趋势。

两批学生的测试结果都证实记忆不仅没有立即消退，反而都有了增长。不同的是，有画面的内容使得记忆增长的时间更长、内容增长也更多。

现在看来，艾宾浩斯对遗忘的实验绝非无可挑剔。当回顾他的遗忘实验时，我们可以发现一些他当时没有考虑到的因素。

首先，他的实验主要基于对无意义单词的记忆，而实际上，人类大脑更倾向于记忆有意义的事物。相比于记住一串毫无意义的字母组合，记住具有具体含义的词要容易得多。有意义的词可以激活我们大脑中的相关联的记忆，从而与我们已有的知识和经验产生联系，这样就更容易被记住和提取。

其次，学习时所使用的材料对学习效果也起到关键作用。无意义的音节是孤立存在的，没有提供上下文信息，也没有额外的线索来辅助记忆。因此，这些信息很难与其他知识建立联系，导致它们的遗忘速度更快，并且没有呈现出自动上升效果。

相比之下，学习有意义的词就完全不同。以"毛衣"为例，大脑会自动生成相关的图像，将视觉信息与该词联系起来；同时，毛衣还与寒冷的天气相关，与穿在身上、保持温暖的功能信息相关联。如果将"毛衣"与"羽绒服"进行对比，或者与颜色搭配，就会产生更多的关联。这些关联会同时激活大脑中更多的神经元，因而让人更容易记住该词。

当学习的材料是图片或诗歌时，由于内容本身就具备内部的紧密逻辑和联系，记忆效果会在最初的几天内先上升，然后在平均第 4 天后开始下降。这给了我们一个重要的提示：在应对遗忘的过程中，改变学习材料可以让学习事半功倍。具体而言，将学习材料与视觉信息相关联，或者提供具有逻辑联系的上下文，都可以增强记忆效果。

记忆分长短：感觉记忆、短时记忆、长时记忆

记忆显然包含了一种时间成分。

恩德尔·塔尔文（Endel Tulving）教授被视为记忆研究的奠基人之一，他将记忆的时间特征描述为"精神的时间旅行"。这意味着回忆过去的事件就像我们重新经历一次过去的时光一样。在每一个学习场景中，参与其中的记忆类型具有不同的时间跨度。了解这些记忆类型对于解决学习中的问题至关重要。

在记忆研究中，有两种主要的记忆类型与时间相关：回溯记忆（retrospective memory）和前瞻记忆（prospective memory）。[⊖]

⊖　MATOS P, ALBUQUERQUE P B. From retrospective to prospective memory research: a framework for investigating the deactivation of intentions [J]. Cognitive processing, 2021, 22(3): 411-434.

回溯记忆是指回忆过去发生的事件和经历。它允许我们回想起过去学习的知识、过去的经历和事件。通过回忆过去，我们可以将之前学到的知识应用于当前的情境中，从而做出正确的决策和行动。

前瞻记忆则与未来相关，它涉及我们在未来要做的事情的记忆。这种记忆使我们能够在适当的时间和地点执行特定的任务。例如，记住要在明天开会，或者要完成某项任务。前瞻记忆对于我们组织和规划日常生活中的活动至关重要。

理解不同类型的记忆与时间的关系对于解决学习中的问题至关重要。通过深入了解记忆的时间特征，我们可以更好地管理和利用我们的记忆力，提高学习的效果。

根据信息维持的时间长短，认知心理学家把记忆分成感觉记忆（sensory memory）、短时记忆（short-term memory）和长时记忆（long-term memory）。

感觉记忆的维持时间非常短暂，以毫秒或秒计算。周日的清晨 8 点，我在人满为患的商学院图书馆自习。虽然眼睛紧盯着电脑屏幕的文字，但我偶尔还是会不由自主地听到旁边学生的小声对话，还能闻到他们在商学院的 Coupa Cafe 刚买的咖啡的扑鼻香气。我拿起可乐小尝一口，可乐中的碳酸带来的密密麻麻的针刺感布满整个舌尖。与此同时，我用一只手快速敲击键盘，键盘反馈的压力感让我更容易掌控敲击时的轻重缓急。所有感觉信息——视觉、听觉、嗅觉、味觉和触觉——像潮水一样，一波紧挨着一波涌入我大脑中的不同位置，并被短暂地储存在我的感觉记忆当中。如果我们在黑暗房间中打开手机背面的手电，将它在眼前挥动几下，你会注意到它留下的一条短短的、稍纵即逝的尾迹。这个尾迹其实并不是实际存在的物体，它只是我们的感觉记忆的一种表现，是我们对一刹那之前因光源的舞动而产生的意象的短暂"回忆"。

我们的所有感官都在不断捕捉周围世界的信息，这些信息会在位于海马和新皮质之间的内嗅皮质汇聚。内嗅皮质像一个过滤器一样，过滤潮水般涌入的海量信息。之后，有用或值得关注的信息，会被海马标记上"存储"标记，然后送入新皮质的不同区域。正如前文所述，新皮质是记忆存储的最终目的地。正是它，使得大脑能够更新以前的记忆内容。

绝大多数感觉信息并不能捕捉我的注意力，这些感觉记忆会在不到 1 秒钟的时间里就从大脑里退潮，被遗忘殆尽。此时我的注意力正聚焦在屏幕的文字上，这些文字信息通过眼睛传递到位于枕叶的视觉皮质。经过视觉皮质的解析，再传递到我的额叶来，由额叶进行更高级别的加工。

短时记忆和感觉记忆相比拥有更长的时间进程，能保持几秒钟至几分钟。我当下的学习任务，是对商业案例中的一家知名公司的财务状况进行分析。被筛选后的视觉信息被解析并被前额叶处后，这些感觉记忆就被迁移到我的短时记忆里，这样我就可以便捷地对信息进行加工和计算。一旦我完成了计算，这些数据也都会从我的短时记忆中消失。人的短时记忆通常只有 30 秒，在这之后，信息要么进入长时记忆当中，要么就会被大脑清除干净。

短时记忆的内容经过复述再进入长时记忆，否则信息也还是会被遗忘。如图 2-3 所示，经过多次复述和提取，长时记忆里的内容才能被保留下来。

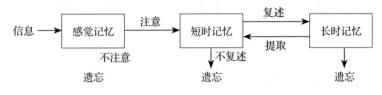

图 2-3 记忆的转化过程

被储存相当长时间的信息被称为长时记忆，这些记忆先是暂存在海马，之后逐渐迁移到新皮质。长时记忆主要分为两类：陈述记忆（declarative memory）和程序记忆（procedural memory）。记忆的分类如图 2-4 所示。

陈述记忆是指我们可以用语言描述和表达的记忆。它主要由两种记忆形式组成：情景记忆（episodic memory）⊖和语义记忆（Semantic Memory）⊖。

情景记忆是指我们对自己生活中所经历的具体事件的记忆。这种记忆涵盖了我们个人的经验和回忆，例如对一次特定的生日聚会、一次旅行或者与朋友的见面的记忆。情景记忆包含时间、地点、人物和事件等多个维度的信息。

相比之下，语义记忆则与我们生活中的具体事件无关，而是关于世界的事实性知识。它涵盖了关于事物、概念、原

⊖ SHAPIRO M L. Time is just a memory [J]. Nature neuroscience, 2019, 22(2): 151-153.
⊖ KUMAR A A. Semantic memory: A review of methods, models, and current challenges [J]. Psychonomic bulletin & review, 2021, 28(1): 40-80.

理和规则的知识（比如数学公式、英语语法知识，以及牛顿的三大定律等）以及我们对这些知识的理解，而不是具体的经历。这种记忆形式帮助我们理解世界、进行逻辑推理和解决问题。

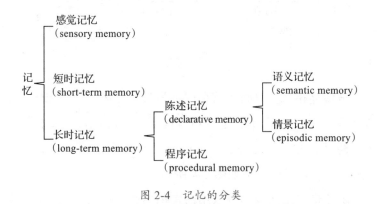

图 2-4　记忆的分类

研究已经证实，情景记忆和语义记忆在大脑中有着不同的神经基础。情景记忆通常涉及海马和大脑皮质的相互作用，而语义记忆则主要依赖于大脑的语言处理区域：布洛卡区（Broca's area）和韦尼克区（Wernicke's area）。

这两种记忆形式在日常生活中起着重要的作用。情景记忆使我们能够记住个人的经历以及与之相伴的情感体验。而语义记忆则为我们提供了广泛的知识基础，支持我们的学习、交流和思考。

很显然的是，我没有 5 岁以前的陈述记忆是因为：要么这些体验根本没有被存储进大脑，要么就是存储进去了，但我无法提取。是否所有的信息都能被大脑存储还存在很多争论，一些科学家认为，人类大脑的存储空间接近无限，所有的感觉信息其实都会被存储在大脑中，但是我们无法提取所有的记忆。但无论如何，形成长时记忆并能在需要时提取出来，肯定是有效学习的关键。

工作记忆，导致学习差距的关键因素

上午的自习之后，经过简短的午餐，我通常会去会议室和学习小组讨论本周的小组项目。我们要进行的项目内容每周都会更新，我们即将创作出来的学习结果也前所未有。这不得不让人惊叹，究竟是什么，才让我们可以依据自己的所学和经验，来创造性地完成我们的学习目标呢？

答案就是工作记忆（working memory）。这种记忆类型在 1974 年被艾伦·巴德利（Alan David Baddeley）和格雷厄姆·希奇（Graham Hitch）提出，并立即引起轰动。[○]从那时起，工作记忆这个概念不仅被广泛接受，而且成了认知科学研究的热门领域。经过数十年的不懈努力，科学家们证实，工作记忆的容量与一个人的学习结果高度相关。

工作记忆是一种短时记忆系统，它在心理学中常与短时记忆互换使用。它的主要功能是临时存储和处理信息，以完成认知任务。工作记忆的内容可以来自感觉记忆的感觉输入，也可以是从长时记忆中提取出来的内容。最近的科学研究将其概念

○ BADDELEY A D, HITCH G. Working memory [J]. Psychology of learning and motivation, 1974, 8: 47-89.

化为一种特殊的短时记忆形式，其任务是表征与当前任务相关的短时信息。

工作记忆不仅可以包含新信息，同时也可以包含以前的长时记忆，例如我们可能会在同学聚会时想起高中时发生的趣事、校园的景观和老师的模样。这些信息深深地储存在我们的长时记忆中，当我们遇到与之相关的线索时，这些信息会被激活并提取到工作记忆中。

因此，工作记忆强调过去的知识如何影响或限制当前的行为。在小组讨论中，我们会将新信息，包括其他同学的语音内容、同学们在白板上写下的文字或符号等视觉信息以及与当前话题相关联的从长时记忆中提取出来的内容，都融合在工作记忆中。然后，我们会在此基础上进行信息的整合和加工，从而创造出全新的话题或内容。任务完成后，工作记忆中的信息会逐渐消退，为大脑处理其他事务腾出空间。

那么工作记忆中加工出的新信息会去向何处？

一部分会与已经被强化或重塑的旧信息一起被暂时存放在海马中，等待转存到长时记忆中，其他信息则会逐渐被大脑遗忘，因为工作记忆的容量和持续时间是有限的。这种遗忘过程有助于保持大脑的有效运作，并让我们能够处理新的信息和任务。

工作记忆实在是太神奇了，难怪认知心理学家对它如此着迷。它是大脑进行心理推导的场所，我们将想法汇集在这里，融合加工，并最终转化为新东西。

小组讨论结束后，我想打电话约一个同学去吃晚饭。要完

成这个简单的任务，工作记忆必须参与其中。首先，我得从长
时记忆中提取同学的名字并把它存储在短时记忆中；然后从手
机的通讯录里找到相应的名字并拨出电话；当她接起电话，我
需要凭借对她声音的记忆，识别出接电话的人到底是不是她；
在通话过程里，我还需要时刻记着交谈的目的，理解对方说的
话，并且持续调取大脑里关于中文（也许偶尔也有英文）发音、
语义的相关内容；这还不够，我还需要在听她说话的时候搜索
大脑里的地图，判断哪个餐馆距离我们彼此都相对近，而且符
合双方的口味。完成这样一个吃饭的预约，需要将如此多的信
息汇聚在工作记忆中综合加工，目前人类世界最强大的计算机
都难以准确达成，但经过工作记忆的帮助，我们可以毫不费力
地完成。

遗憾的是，工作记忆的存储空间非常有限。这被认知心理
学家认为是限制我们学习能力的一大障碍。

尝试一下在大脑的工作记忆里计算这个数学题：29×8。
大多数人的心理计算过程很可能是下面这样的。

1. 将 9 和 8 相乘

2. 从长时记忆中提取乘法口诀表中"$9 \times 8=72$"这个数学
知识

3. 记住 2 是最后一位，然后进位 7

4. 将 2 和 8 相乘

5. 从长时记忆中提取"$2 \times 8=16$"这个数学知识

6. 把进位的 7 和 6 相加

7. 从长时记忆中提取"$7+6=13$"这个数学知识

8. 记住 3 是倒数第二位，然后进位 1

9. 然后将进位 1 与第一位数 1 相加

10. 从长时记忆中提取"1+1=2"这个数学知识

11. 最后答案就出来了：第一位数是 2，第二位数是 3，最后一位数是 2

12. 答案是 232

计算这样一个乘法算式基本已经是普通人工作记忆的极限了。如果要我们在大脑里计算 29×87，相信未经训练的很多人要么会中途放弃，要么会计算错误。

心理学家的实验证明，绝大多数人工作记忆的容量只有 3 或 4 个信息组块。什么是信息组块？如果我们想记住一串长达 11 位数的电话号码，把这串数字分成 3 至 4 个信息组块会非常方便记忆，比如 186-xxxx-xxxx。每 3 到 4 个数字组成一个组块，一下子就记住了。

外侧前额叶皮质负责当前知觉信息和已存储的知识间的相互作用，因此它是参与工作记忆加工的一个重要脑区。我们也不难推测出，工作记忆需要两种条件：首先，需要一个访问存储信息的机制；其次，需要一种保持信息激活的办法。前额叶皮质就能够完成这两种操作。

认知心理学家经过多年研究证实，工作记忆的容量很可能是学生们形成学习差距的重要原因之一。英国剑桥大学的大脑和神经科学家苏珊·盖瑟科尔（Susan Elizabeth Gathercole）指出，较差的工作记忆能力能够解释包括较差的学业成绩等一系列学习结果。有的学生受限于工作记忆，出现了无法跟上教师

的指导、阻碍集体活动的开展、易于分心、找不到自己的位置，以及看起来漫不经心等行为。[⊖]

如何能够扩大工作记忆的容量呢？

再次回到刚才的数学题，假如我们不需要在心里默念 $8 \times 9=72$，而是一看到 8×9，就立即从长时记忆中提取出 72，那么工作记忆的余量就会大大增加。因此，我们的心理计算不仅会更快，而且能容纳的推算步骤也会增多。

29×87 这个问题在经过训练的人的工作记忆中的运算过程很可能是下面这样的。他们已经在长时记忆里储存了下面的知识。

$29 \times 7=203$

$29 \times 8=232$

于是他们节约了数次心理运算步骤，直接做了 203 和 232 的进位加法。结果就一下子出来了。这不仅仅节约了工作记忆的空间，而且计算更准确、更快速。

工作记忆的有限容量被心理学家认为是人类认知的一个基本瓶颈。通过对 100 个随机选取的个体进行工作记忆容量的研究，科学家发现，工作记忆的容量越大，推理测试的成绩越好，这意味着工作记忆容量与认知能力之间存在着紧密的关联。

我们会好奇，既然我们可以通过运算过程来得到答案，为

⊖ GATHERCOLE S E, LAMONT E, ALLOWAY T P. Working memory in the classroom [M] //PICKERING S J. Working memory and education. New York: Academic Press, 2006, 219-240.

什么还需要花时间记住事实信息呢？事实上，记住事实信息能够为我们节约工作记忆空间，给更复杂的思考和运算提供支持。

除了记住事实信息，我们还可以通过将知识转化为自动执行过程来减轻工作记忆的负担。就像我们刚开始学习开车时，需要全神贯注地控制每一个动作细节，踩离合器、挂挡、松刹车、踩油门等。这一系列动作可能让我们感到吃力和焦虑。然而，随着不断的练习，我们逐渐变得熟练，并且不再需要过多地投入注意力。最终，我们可以轻松流畅地完成这些动作，甚至可以一边启动车辆一边与教练轻松交谈。这是因为，通过练习，我们将这些知识转化为自动执行的过程，这不仅能减少出现错误的可能性，还能让大脑腾出更多空间来处理其他任务。当然，驾驶涉及人身安全，我们应该始终保持专注，避免分心。

因此，通过将复杂的心理过程转化为稳定的事实信息进行记忆，以及通过练习将复杂过程转化为自动执行过程，我们能够提高认知效能，并为大脑创造更多的空间来处理其他复杂任务。

此外，我们还可以通过分解任务来提高工作记忆的效率。每次只专注于处理一部分信息，这样可以减少工作记忆的负担，而且可以让处理更准确、更不容易出错。另外，外部化信息，比如利用纸张、笔记本或电子设备来辅助暂存工作记忆需要的内容，也可以减轻工作记忆的负担并防止出错。

为什么情绪能够增强记忆

直到 10 年后的今天，尤其是我每次深夜里走到楼梯口，大脑里就会闯入那天晚上在商学院摔倒的记忆。

这肯定是生命的机制，教会我牢记灾难是如何发生的，并不断地从中吸取教训，避免发生下一次灾难。

与中性事件相比，我们往往更容易记住那些引起情绪反应的事件。而且，情绪越强烈，编码就越精细，记忆也就越深刻。

大脑偏好于记住那些生命中的特殊事件，尤其是生命受到威胁的特殊事件。

2001 年 9 月 11 日晚上，我在重庆的万豪酒店看着嘉陵江的夜景泡了个澡。然后坐进沙发，一手举着水杯，一手在遥控器上切换电视频道。当切换到一个新闻频道时，电视画面里是一架飞机撞向了纽约曼哈顿的双子塔，随后大楼浓烟滚滚。这个短暂画面不断重播，伴随着主持人的连连惊叹。我当时的第一反应是：这难道是电视台在播放好莱坞灾难大片的预告片？"哦不，不是！天哪！居然是真的！"我被惊得目瞪口呆。随后不到 10 分钟时间，我就接到了一通在重庆的美国朋友的电话，说他第二天就要紧急赶回美国。

这些伴随激烈情绪的事件，会带来一段"闪光灯记忆"。之所以这样命名，是因为我们能在这样的记忆中保留充满细节的丰富画面。自己当时身在何地，正在做什么事，是白天还是晚上，如何得知的消息，感受如何，随后又做了什么——这些信息被深深刻进记忆，难以磨灭。

激烈的情绪对记忆编码会产生强大的效果，并不仅仅是因为情绪为记忆增加了额外的提取线索。情绪越强烈地参与某件事，很可能就意味着这件事对活下去越重要，于是大脑就知道必须牢牢记住它。如果某件事能够带来积极的情绪体验，我们就会希望它重复发生；相反，如果某件事带来消极的情绪体验，我们就想尽量避免它的发生。这两个方面都关系到生存机会，因此，大脑会更容易记住。

除了情绪越强烈事件就越容易被记住，相比涉及正面情绪的事件，涉及负面情绪的事件通常更危及生命。因此，我们记忆里关于负面情绪的事件往往更多。就好像一对分手的恋人的记忆里，更多的都是往日不愉快的鸡零狗碎，而不是烛光晚餐之类的幸福时刻。

那晚在商学院我跌成重伤是伴随着强烈的恐惧情绪的，这也是为什么那晚的回忆充满细节，而且会在相似的环境下不断侵入脑海。

大脑中的杏仁核区域在面临威胁时发挥着重要的作用。当我们感受到威胁时，杏仁核会加速运转，调动大脑其他区域的资源，全力应对眼前的局面。在这种情况下，杏仁核激活了一套有情绪参与的次级记忆系统，使得我们保留下来的记忆比平常更加详细和丰富。这是因为杏仁核的活动在记忆过程中发挥了重要的调节作用。

事实上，记忆的目的之一就是追踪重要事件，以便在类似情况再次出现时我们能够更好地求生存。当我们遭遇威胁到性命的可怕情况时，大脑会特别注意并仔细记住相关细节。这是为了将这些重要的信息储存起来，以备将来应对类似的危险。

我们在情绪体验中也会学习生活经验。情绪和情境常常在大脑中混合加工。当我们经历强烈的情绪时，大脑会将这些情绪和所处的情境联系在一起，并为其打上"好"或"坏"的标签。对于那些带来积极情绪的情境，我们会希望它们能够反复出现，因为它们给我们带来愉悦和满足感。而对于那些引发负面情绪的情境，我们则会尽量避免它们，因为它们给我们带来不适和痛苦。

我们必须认识到情绪的加工过程因人而异。它与我们的具体经历、文化背景甚至信仰密切相关。我非常喜欢吃肉，见了肉食就食欲大增。而我的母亲是个素食主义者，她从出生到离世，都保持素食习惯。有一次她误食了一个本来是给我准备的肉馅饺子，结果整个下午她都在不停呕吐。情绪的加工有时意味着："你的蛋糕，可能就是我的毒药。"

科学家通过进行跨文化研究证实，人类文化普遍存在着七种基本情绪：惊讶、愤怒、恐惧、厌恶、悲伤、轻蔑和喜悦。我们可以很容易地发现其中有积极情绪，比如喜悦，而更多为负面情绪。这可能是因为负面情绪对我们的生存和适应更具意义。需要注意的是，情绪往往不是单独存在的，许多时候，多种情绪会混合在一起。当年看到最好的朋友被清华大学录取，而自己因在高考期间发烧而未能考上理想的大学时，我经历了至少两种情绪的混合：对朋友的喜悦和对自己的悲伤。这就是喜忧参半的情绪体验。好吧，还有一丝丝嫉妒。

这种情绪的混合反映了我们复杂而多样的内心体验。每个人的情绪体验都是独特的，受到个人经历和背景的影响。因此，我们不能简单地将情绪划分为单一的正面或负面，而是要理解它们的复杂性和多样性。这样的认识有助于我们更好地理解自己和他人的情绪反应，并促进对情绪的理解与沟通。

情绪如何影响学习

情绪不仅是生活的体验，更是一种强大的影响学习能力的因素。积极的情绪激励我们重复同样的行为以再次获得积极的情绪体验，负面的情绪则让我们学会避免同样的行为。

1999 年，阿什比、伊森和图尔肯在《心理学评论》（*Psychological Review*）上的一篇研究就阐述了积极情绪对认知的影响。[⊖]积极情绪通过影响大脑的神经网络和化学物质，促进认知的某些方面。具体来说，积极情绪可以增加大脑中多巴胺的释放，促进前额叶皮质的活跃，并在大脑中形成一种"增强性"状态，使我们更加敏捷、灵活和有创造性。积极情绪不仅可以改善注意力和记忆，提高信息加工的速度和效率，甚至还可以增强创造性思维和问题解决能力。

同样，研究人员通过实验验证了负面情绪对学习的作用。

⊖　ASHBY F G, ISEN A M, TURKEN A U. A neuropsychological theory of positive affect and its influence on cognition [J]. Psychological review, 1999, 106(3): 529-550.

他们使用实验室小鼠进行了一系列环境刺激实验。这些刺激包括一个中性的刺激，即普通的铃声，以及一个厌恶性的刺激，即轻微的电击。当小鼠听到铃声时，并没有表现出特殊的反应，但每次遭受到轻微的电击时，它们会焦虑地在笼子里来回奔跑。此时，铃声和电击并未形成任何联系。研究人员随后在每次铃声后给予电击，这样小鼠很快就将铃声和电击带来的恐惧情绪关联在一起，并记住了这个关联。因此，一旦铃声响起，它们就会变得紧张并开始在笼子里焦虑地奔跑，即使电击还未到来。

　　当外部刺激通过感官传达到大脑时，大脑会检索以往类似刺激的记忆，并在心理层面激活与这些记忆相关联的情绪，进而引发身体的连锁反应。这种反应是直接的、自动的，甚至在我们的意识介入之前，身体动作就已经完成了。不仅动物会这样，我们人类也会快速将情绪与事物相关联，而且一旦关联，就很难忘记。

　　几年前我在加拿大蒙特利尔讲课，我的美国朋友来我家小住。那天下午，我们来到一家蒙特利尔的网红咖啡店，尝试了这家店的招牌产品杏仁咖啡，味道非常独特，很好喝。我通常每天只喝一杯咖啡，但那天我忍不住连续喝了两杯。我在回家的路上就开始觉得身体不舒服：心跳很快、手有点儿发抖、有点儿想呕吐。我当时并不知道那是摄入咖啡因过量的身体反应。到家后，我忍着极度的不舒服准备做个中国菜给我的美国朋友尝尝，那是我自己最喜欢吃的香菇青菜。我把香菇在水里洗净，放在菜板上，一刀一刀仔细切片，香菇的独特气味很快就充满了整个鼻腔。在整个切香菇的过程中，我忍受着身体的极度不适，心跳飞快，而且不断想呕吐。最终我实在坚持不下去，因为心跳太快了，整个身体都发抖。我只好回到卧室躺在床上休息，希望身体尽快恢复。我躺在床上喘着粗气，厨房里浓烈的香菇味不断飘进卧室。我央求我的美国朋友把香菇全都拿去扔进大楼的主回收垃圾桶。

从那之后，我再也不吃香菇了。因为只要一闻到香菇味，厌恶情绪就会立即爆发，我就想呕吐。我的大脑已经把香菇这种气味和厌恶这种情绪反应结合到了一起。尽管我知道香菇对身体无毒，而且自己曾经如此地喜欢吃香菇，但我很难克服这种呕吐反应。这是一个典型的案例：情绪的学习机制改变了我对食物的选择。

厌恶是一种情绪，体现为对某种对象的反感和排斥。它会引起人们对厌恶对象的强烈退缩行为。厌恶情绪是一种进化而来的疾病防御机制，可能引发疾病的物质通常会引起人们极强烈的厌恶感。从荷兰到西非，厌恶情绪都相当一致，多种文化背景中的人都对不洁的食物有强烈的厌恶情绪，比如可能被寄生虫污染的食物、残羹剩饭、发霉的食物、里面有死虫子的食物，或者看见别人用不干净的手制作的食物。如果食物被蛆、蟑螂接触过，或者沾染了粪便，也能够引起极度的厌恶情绪。[○]另外一项研究发现，所有的被试学生都拒绝使用一个据说装过

○ CURTIS V, BIRAN A. Dirt, disgust, and disease: is hygiene in our genes[J]. Psychology, perspectives in biology and medicine, 2001, 44(1): 17-31.

狗的粪便但已经清洁干净的杯子喝水。[一]厌恶的激烈反应是呕吐反应，这是为了阻止致病物质进入身体。

当然，人类具备关闭厌恶情绪的能力。比如照顾生命垂危的病人，父母照顾孩子（尤其是孩子还处于婴幼儿期时）。

实验结果和我的亲身经历都揭示了情绪和学习之间的密切联系。通过将特定的刺激与情绪相关联，我们能够在记忆中形成强烈的情绪痕迹。这种情绪学习的过程在动物和人类的大脑中都存在，并且对于我们适应环境和做出反应至关重要。这也解释了为什么在特定情境下，我们会出现自动而强烈的情绪反应，而这些反应往往早于我们的意识介入。情绪的学习能力使我们能够更好地应对和适应外部环境，并保护自身免受潜在的威胁。

"自动驾驶"的程序记忆

去美国上学之前，我在北京的微软中国担任北方及南方大区的总监，管理数百人的管理咨询专家和软件工程师团队，每天的工作都充满挑战。虽然我家距离望京的微软大厦很近，不堵车的话 15 分钟就能开到，然而这条路从没有畅通无阻过，无论是平时还是周末。我每天早上都像开赛车一样左冲右突 1 个多小时才能到达。大多数开车上班的路上，我都会一边开车

○ ROZIN P, NEMEROFF C, WANE M, et al. Operation of the sympathetic magical law of contagion in interpersonal attitudes among Americans [J]. Bulletin of the psychonomic society, 1989, 27(4): 367-370.

一边思考一天的工作安排以及每天晨会的重要内容，比如如何尽量有技巧地在给予员工负面反馈的同时还能激励他们继续更好地工作，总之全都是些伤脑筋的问题。我经常会在停好车的时候突然问自己：我到底是怎么把车开过来的？因为我完全记不得刚才路上的一切场景。

这真是一个令人惊讶的事实，开车实在称得上是一项十分复杂的活动。2010年前后，北京不仅极其堵车，而且由于到处都在大搞建设，路况复杂多变。我的右脚在刹车和油门之间敏捷地切换，稍一迟缓就可能撞到从一旁窜出的其他车辆甚至是行人。我根据脚掌感受到的压力来调整向下踩的力度，在向下踩和松开的弹指一挥间做出恰如其分的精确控制。与此同时，我的双手也在操控方向盘，与脚上的动作组合在一起控制着一台超过2吨重的金属家伙。方向盘上配备有各种旋钮和按键，可以控制音响系统。根据天气变化还要实时调整空调温度和风量，启动或关闭雨刮器。这还不算，我还要抽出精力关注导航信息，判断是否正行进在最拥堵的一个路段，以及思考是否需要切换到其他道路。当然，我必须时刻遵守交通规则、礼让行人，看到红灯要毫不犹豫地立即停车，绿灯也得瞬间启动，稍一迟疑后面的车辆会用喇叭吼我。尽管难题种种，我却在大多时间都把这一系列的操作交给了大脑的"自动驾驶"，由它来做出几乎全部的选择。这就是为什么我到了公司却丝毫不记得我是如何把车开过来的。

除了身体层面的"自动驾驶"，我们的认知也能够在无须意识主动参与的情况下顺畅执行。当我们看到"9×9"这个算式时，"九九八十一"这个乘法口诀就会立即从我们的长时记忆中蹦出来，即使我们并没有特意去寻求这个算式的运算结果，答案也会不由自主地脱口而出。

　　这引发了一个问题：为什么有些知识可以如此自然地脱口而出，有些技能可以在意识不参与的情况下顺畅执行呢？

　　这些"自动驾驶"的技能并非像吃饭、走路和躲避危险那样，是刻在基因中的本能。相反，这些"自动驾驶"的技能都是后天学习而获得的。实际上，它们属于一种特殊的记忆方式，即程序记忆（procedural memory）。那么，相较于之前提到的感觉记忆、短时记忆和长时记忆，程序记忆又是一种怎样的记忆形式呢？

　　程序记忆涉及我们对各种技能的使用和习惯性任务的执行。它是通过反复练习和体验某项任务来形成的，并且不需要意识的主动参与。程序记忆是一种长时记忆，但与我们对个人经历、学习的知识和过去的事件的记忆不同，它专注于存储和自动化执行特定任务所需的运动和行为模式。

　　还记得前文中提到的亨利的案例吗？随着研究的持续进展，奇妙的事情不断地被发现。米尔纳很快就发现，亨利虽然因为被手术切除了海马而失去了将短时记忆转换成长时记忆的能力，但仍然可以建立新的身体技能方面的记忆。只要重复足够多次，亨利还是可以学会与动作相关的技能。比如，他后来学会了弹奏新的钢琴曲目。他每次弹琴都会被自己娴熟的弹奏惊讶到，因为他不但不记得自己会弹钢琴，更不记得自己练习过这个曲目。

　　米尔纳的研究表明，人的大脑中至少有两套系统负责记忆的构筑：一套负责陈述记忆，一套负责程序记忆。有些记忆是可以通过语言很轻易地描述出来的，比如我在商学院跌成粉碎性骨折，从 9 小时手术到复诊，这些经过可以被我像故事一样清楚地描述出来。科学家把这一类记忆称为陈述记忆。还有一些记忆我们就很难描述，比如如何开车、如何踢足球、如何弹钢琴。我们可以轻易做到，但是很难描述出来，这类记忆被称为程序记忆。我们很容易就觉察到程序记忆一般都和身体的运动技能有关，因此有的人也喜欢把程序记忆这个类型称为"小脑记忆"或"肌肉记忆"。

　　我们能够轻易执行很多事情，比如在嘈杂声中听到有人呼唤我们的名字、开车、踢球、识别广告牌里的文字信息……我们轻易做到这些事，其实是依赖于意识知觉之下进行的庞大运算。我们的这些活动看上去不需要意识和注意力的深度参与，但其实大脑中有大量信号在神经网络里快速传递。

　　前面提到克莱夫在海马受损后，他的程序记忆也没有受到影响。尽管脑炎破坏了他的短时记忆能力，但并不影响他的动作技能。他可以弹奏钢琴，而且弹得和海马受损前一样动听。即便他完全记不得自己过去弹过钢琴，也不记得自己曾经在大学里做指挥，但他还是可以指挥合唱团，而且指挥得跟生病前一样好。有的时候，他玩着牌，会突然惊讶地发现牌已经发好了，其实牌就是他刚刚自己发的。同时，他也没有失去语言能力，他的沟通完全没有受到影响。

　　亨利和克莱夫的案例充分说明，有些信息，可以跳过海马，经过多次重复后，能够被大脑记住，并且在意识很少参与的情况下，顺畅地被使用。

当我们反复练习某项技能时，比如骑自行车、弹奏乐器、打字或开车，大脑会建立一种特定的神经连接模式。这些连接形成了一种固定的程序，使得我们能够准确、流畅地执行这些任务，而无须在每个动作上花费过多的注意力资源。

而且，一旦程序记忆形成，执行相关任务时这些已经建立的神经连接会自动启动。这使得我们能够像"自动驾驶"一样，几乎不需要意识的干预就能完成任务。例如，当我们学会骑自行车后，不再需要刻意思考如何保持平衡、踩脚踏板和转向，这些动作已经变得自动化。

有的人把这种记忆叫作"肌肉记忆"，但实际上，技能并不是存储在执行动作的肌肉里，而是存储在大脑的神经网络里。

形成这种"自动驾驶"一样的记忆，有一个关键点：多次重复练习。 反复练习会改变我们的大脑神经连接，让我们得以熟练掌握这项技能，被改变的大脑就可以轻松使用这些被练习过的技能。有关如何按步骤执行这些任务的神经网络得到强化，这让我们的动作越来越快，越来越精准。

根据神经可塑性原理，我们很清楚地知道，当我们在学习一项新技能的时候，与这项技能相关的神经元会被同时激活，同时激活的神经元又会彼此相连，形成关于这项技能的神经网络。当我们不断重复练习这项技能的时候，这些神经元互联的神经网络就会不断得到强化，最后形成一种"固定"的神经连

接。这种固定连接一旦形成，就会沉降到意识之下，在意识很
少甚至完全不参与的情况下，这项技能也能够被使用。

既然"自动驾驶"的记忆可以绕过海马，那么它是如何在
大脑中形成的呢？

程序记忆的形成依赖于大脑中的不同区域，包括运动控制
区域、基底神经节和小脑等，因此也有人喜欢把这种记忆模式
称为"小脑记忆"。这些区域共同协调和使用我们学习和习得
的技能。但跟程序记忆本身更相关的脑区是基底神经节。科学
研究证明，只要基底神经节没有受损，这些技能就不会丢失。
因此亨利和克莱夫在海马受损的情况下，仍然可以学习弹奏新
的钢琴曲目。基底神经节的结构如图 2-5 所示，它是位于大脑
中心的一个鸡蛋大小的组织块。

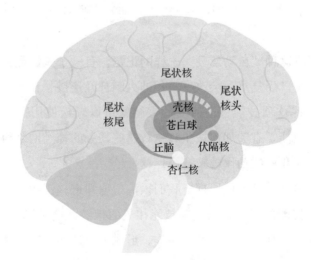

图 2-5 基底神经节的结构

图片来源：www.hellorf.com

　　在漫长的演化过程中，发展出一套自动化的技能至关重要。让这部分意识下沉到大脑中的一个特殊部位，此后开启"自动驾驶"。一旦某项技能被存储到这里，大脑皮质就可以不再参与这项技能的调用，以节约出空间和能量给新事件或更复杂的事件加工。

　　20 世纪 90 年代，麻省理工学院的科学家就开始研究基底神经节与我们日常不假思索的行为之间的关系。他们将巧克力等食物放在一个 T 形迷宫（如图 2-6 所示）的尽头，然后通过给老鼠的大脑安装复杂的电极，来观察老鼠在破解迷宫的过程中的大脑的变化。

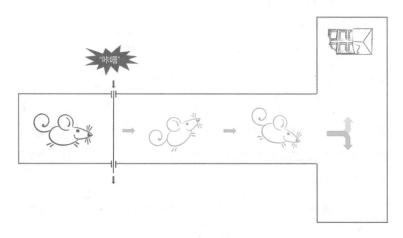

图 2-6　T 形迷宫

　　实验刚开始，闸门打开后老鼠会小心翼翼地前进，东闻闻西嗅嗅。面对未知，人类和动物一样，都会谨慎前进。到了 T 字路口，大多数老鼠都会向右转，然后触底再回头，最终他们在尽头发现了食物。研究人员不断重复实验，老鼠走了几百次后，他们发现食物的速度越来越快。最后，它们不再到处探索，而是直奔食物。科学家通过仪器观察到，老鼠在最初的阶段，也就是学习或者探索阶段，它们的大脑（尤其是基底神经节）异常活跃。随着实验重复的次数的增加，大脑的参与度开始逐渐降低，也就是说他们的思维活动开始减弱。不到一周时间，它们完全不需要思考，就能迅速找到食物。这个时刻，基底神经节的神经结构主导了觅食的行动。基底神经节是回忆行为模式以及依此行动的核心，如果它能顺利工作，大脑就有更多的资源去处理不熟悉的事情。

从演化的角度看，这种记忆模式的出现，应该是因为大脑一直在寻找最省力的工作模式来减少能量消耗。高效运转的大脑需要的空间越少，人的头部就可以越小，婴儿出生时就可以降低婴儿和母亲死亡的概率。

人类可以有很多技能被基底神经节掌握。骑自行车、游泳、熟练地在电脑键盘上打字，等等。这些技能经过不断重复，就不再需要调动大部分脑区协同工作，最终由基底神经节掌握并自动使用。

我们必须关注的是，程序记忆的形成需要时间和反复练习，但一旦建立起来，它能够提高我们执行任务的效率和流畅性，同时释放出认知资源，使我们能够同时进行其他认知活动。使用和提升程序记忆的重要性在于，它允许我们在熟练掌握某项技能后能够自动使用，而无须每次都进行刻意的思考和决策。

如何通过巩固阻止遗忘

我们一天当中要接收的环境信息实在是太多了，大部分信息在记忆中只是擦身而过。

%67#4A9

看完上面这串字符后，用手遮住，你还能回忆起这串字符吗？如果你像记住即将拨打的一个电话号码那样，看完即忘，这非常正常。我们的短时记忆大约能持续 30 秒，之后用不上的信息就会被大脑消除。但学习中，很多信息需要我们记住超过 30 秒，而且最好是永远记住，终身不忘。为此，我们必须持续不断地暴露在要学习的内容前，以巩固我们的记忆。

对于在同一时间或同一地点反复发生的事件，我们的大脑会自动地在事件之间建立联系。对于人类大脑来说，如果某件事只发生了一次，它可能只是随机事件，如果某些经验不能被重复，那么承载它的神经回路会逐渐弱化，甚至在一段时间之后消失。这一过程能为我们节约能量，因为这样一来，我们就可以把宝贵的能量和认知资源用到日后经常遇见或更紧要的地方上。

前文提到的赫布理论如今已经被广泛接受，并成为认知科学的基础。根据赫布理论，同时被激活的神经元会连接在一起。神经元之间的连接一旦被编码完成，就会进一步加强共同激活的机制。科学家最初从兔子的实验中证实，一起被激活的神经元更容易也更有可能再次被同时激活。这样就产生了一个不断强化的循环，不同的神经元越是被同时激活，它们之间的神经连接就越稳固，提取和使用相应记忆的效率就越高。

"重要的事情说三遍"，我们对这句话耳熟能详。里面的关键要素就是重复能让记忆更深刻。因为只要通过简单的重复，学习就可以得到巩固。想想我们小学的时候是如何记住乘法口诀表的——就是不断地在心里默念，并通过无数个练习题目来反复强化学习内容。这种维持性复述带来了长期的效果，就算过个几十年，我们对这个口诀表都仍然烂熟于心。前文提到的2000年获诺贝尔生理学或医学奖的科学家埃里克·坎德尔就发现，不断重复练习会让神经突触肿胀，从而使建立起的神经连接更强。

越是反复同时激活与学习目标相关的神经元，神经连接就越牢固，连接减弱所需的时间就越长。这很好地阻止了遗忘。

值得注意的是，反复激活同一组神经元会减少前额叶皮质的激活程度，从而减轻大脑的计算负担，节约能量并且提升效率。

每当我们遇到新鲜事物时，比如学习新知识，大脑的前额叶皮质就会被激活，因为大脑的这个区域具备的高级功能使它能够应对我们不熟悉和复杂的状况。一般来说，任务越困难，我们需要付出的努力就越多，需要的注意力资源就越多。从生理层面看，前额叶皮质也越活跃。

毋庸置疑，大脑的计算资源肯定是有限的，如果进入超负荷状态，大脑就无法正确处理信息。环境信息如此之多，应对世界的变化需要如此多的技能，大脑要如何处理每时每刻的海量信息，又如何确保生存呢？

演化论的答案是，大脑会慢慢地把熟悉的任务交给前额叶皮质以外的脑区去处理。2005 年，研究者观察了 8～19 岁的学生做加减运算时的大脑活动，结果发现，当处理计算任务时，大脑前额叶皮质的激活程度随着年龄的增大变得越来越低。因为随着年龄的增长，我们会越来越熟练地进行加减法运算。因此这个观察结果清楚地表明，大脑熟悉了加减法计算任务后就会减少前额叶活动。计算任务逐渐交给了位于大脑后部的区域。而且科学家观察到，随着年龄的增加，在执行计算任务时，大脑后部的激活程度越来越高。[⊖]

学习的一个典型方式是阅读文章。在阅读文章的时候，大脑的变化也与做加减运算时非常类似。7～18 岁的学生在阅读文章时，随着年龄的增加，前额叶皮质的激活会逐渐减少，位于大脑较后方的某些区域以及枕叶和颞叶皮质的激活会增加。

在 29 种不同学习的场景中，科学家针对训练次数对大脑活动的影响进行了分析，结果同样发现：前额叶皮质活动减少的情况在很多学习场景中都存在。[⊖]前额叶激活减少的现象恰好说明巩固学习起到了好的效果，对于大脑而言，被巩固学习后的材料，已经熟悉到不用占用更高级的认知加工过程，以及更多的认知资源。

大脑巩固新知识的方式和我们写文章的过程非常类似。

⊖ RIVERA S M, REISS A L, ECKERT M A, et al. Developmental changes in mental arithmetic: evidence for increased functional specialization in the left inferior parietal cortex[J]. Cerebral cortex, 2005, 15(11): 1779-1790.

⊖ CHEIN J M, SCHNEIDER W. Neuroimaging studies of practice-related change: FMRI and meta-analytic evidence of a domain-general control network for learning[J]. Cognitive brain research, 2005, 25(3): 607-623.

我在写作本书的时候，刚开始内容精简甚至干瘪。我在动笔前的大多时候，仅仅是知道主要的观点，并没有想清楚所有细节。等到真的开始动手写了，文字才会涌现出来。这样的内容难免有很多漏洞，逻辑上也并不足够严密。但是没关系，因为写完后经过几次修改，也就是重塑内容，文章就开始有了起色。此时，文章的主题会更明确，内容更充实。当然，此时的作品也还只是个半成品。经过一段时间的沉淀后，再回过头来继续修改，让文章的结构和逻辑更通畅。最后，出版社的编辑给出大量的反馈，指出文章里的问题。这是一种非常重要的反馈机制，就好比老师给我们批改作业、讲解错题，指出我们的不足之处。经过再次修改，文章终于成形，可以面对读者。

当我们的大脑在接触新知识时，含义还没有完全成形和固定，和刚写出来的新文章一样，很容易也很有必要做出修改和调整。经过多次重复，内容得到巩固。大脑逐渐理解了新知识的深层含义，经过反馈和矫正，最后长期保存在了大脑里，形成长时记忆，以备使用。

支撑巩固学习的长时程增强

巩固对学习的作用并不仅仅体现在心理层面，科学家在大脑的生物化学层面也验证了巩固对学习的强大作用。他们发现，巩固学习离不开长时程增强。

什么是长时程增强？

长时程增强（long-term potentiation，LTP）[⊖]是指神经元之间连接强度的持久增强，它是大脑中神经元之间信息传递的基础。长时程增强是学习和记忆的基本机制，被认为是长时记忆的细胞基础。

在神经元之间的突触连接中，长时程增强的发生通常伴随着高频、重复的刺激。当一个神经元持续地刺激另一个神经元的突触时，这个连接的传递效率会增强。具体来说，突触前神经元释放的神经递质会增加，突触后神经元对这种神经递质的敏感性也会增强。这种持久的增强状态可以持续数小时甚至更久。

早在 1966 年的实验中，现任挪威奥斯陆大学的生理学教授泰耶·勒莫（Terje Lømo）在兔子的海马中首次观察到了长时程增强现象。随后，他在 1973 年与同事蒂莫西·布利斯（Timothy Bliss）进行了一项重要的生理学观察，引发了有关长时程增强的研究热潮，这股热潮一直延续至今。

在他们的实验中，将强刺激施加于海马的神经通路后，海马神经元对于弱刺激的反应就明显得到增强。如果强刺激被重复多次，那么增强的效果可以持续数天甚至数周。

勒莫和他的同事通过电极反复刺激兔子大脑中的海马，观察到在 3 秒到 15 秒的刺激后，刺激产生的效果可以延续 30 分钟到 10 个小时不等。同时被激活的神经元之间的连接变得更强，从而使它们更容易再次同时激活。这样形成了一个循环：

⊖　NICOLL R A. A brief history of long-term potentiation [J]. Neuron, 2017, 93(2): 281-290.

神经元之间的连接越强，它们就越可能再次被同时激活并进一步强化彼此之间的连接。反之，如果神经元没有同时被激活，它们之间的连接不会得到强化，甚至会逐渐减弱。[⊖]

这项研究揭示了长时程增强的基本原理，即通过反复刺激神经元之间的连接可以增强这些连接，从而促进记忆的形成和存储。这一发现对于我们理解学习和记忆的神经机制以及神经可塑性的重要性具有深远的影响。

如今，我们都已经知道，新记忆的形成依赖于神经元之间新发生的连接，并且新连接越强，信息就越不容易被遗忘。当一个新信息进入大脑后，这个输入的信号会引起大脑的兴奋，当兴奋水平达到一定值时，接收信息的神经元才会被激活，并启动长时程增强。事实上，脑科学家已经发现，形成记忆就必定需要这个生物化学过程的参与。它是发生在两个神经元信号传输中的一种持久的增强现象，能够同步刺激连接着的两个神经元。

神经连接的强化是如何做到的呢？

长时程增强是一连串复杂事件，它始于突触，终于突触，涉及分子、蛋白质和酶（如图 2-7 所示）。长时程增强从某个神经元轴突末端释放主要的兴奋性神经递质谷氨酸盐开始，这些神经递质穿越突触，到达另一个神经元的树突。谷氨酸盐扮演了催化剂的作用，它能触发一连串反应，其中包括通过改变蛋白质，以及改变编码蛋白质的基因来制造出更多的蛋白质。

⊖   BLISS T V P, LØMO T. Long-lasting potentiation of synaptic transmission in the dentate area of the anaesthetized rabbit following stimulation of the perforant path[J]. Journal of physiology, 1973, 232(2): 331-356.

这一过程通常会持续数小时至数日。这些被改变的蛋白质和新增的蛋白质会让突触变大，这一系列的反应最后会打造出更大并且更强壮的突触，这会让神经连接变得更强大。学习开始后的几分钟，大脑内的突触就开始变大，短短几小时内，它们就能形成更为牢固的形态。

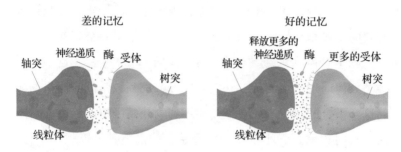

图 2-7　长时程增强对记忆的影响

图片来源：www.hellorf.com

　　很多科学家都试图开发出更好的学习方法，他们期望能够通过增加长时程增强的启动来改善学习效果和记忆力，不管是采用药物手段还是其他手段。而且长时程增强也成了临床研究的主题，主要用在治愈阿尔茨海默病的研究，该病是一种退行性失忆症。

　　在对小鼠和其他哺乳动物的研究里，研究人员通过药物或基因编辑使实验对象的大脑中无法产生长时程增强，结果发现被试无法产生任何记忆。这证明了长时程增强与新记忆的形成高度相关。而且，海马越容易产生长时程增强的状态，学习的能力就会越高。另外值得注意的是，海马受到反复刺激后才能产生长时程增强并促进新记忆形成。因此，复习是学习步骤里的关键一步就不奇怪了。

　　一项空间记忆的测试同样证明了长时程增强与学习的密切关系。这项测试被称为莫里斯水迷宫测试，以爱丁堡大学的莫里斯（R. G. Morris）的名字命名。实验中，小鼠被放在水箱里，水箱周围有空间线索，它需要很快学会寻找下一个可以站立的水下平台，才不至于溺水而亡。根据空间线索，一只训练有素的小鼠总是能够迅速游到平台上。如果平台被移除，小鼠会游到平台所在区域，并在那里探索至少 60 秒。一旦小鼠学会了如何通过这个测试，它们可以在数周到数月的时间里回忆起这个平台的位置。如果通过使用药物或基因编辑等方法，阻断了长时程增强，小鼠在训练开始后的 1 小时可以找到平台，再之后就无法找到平台，而是到处游走寻找平台。这说明它们无法将早期的记忆转化为长时记忆。⊖

　　那么如何增加长时程增强的发生呢？

　　长时程增强的发生与注意力的参与程度密切相关。研究表明，如果在学习或经历中缺乏足够的注意力和专注力，长时程增强所需的神经信号兴奋水平就很难达到足够的强度，从而导致长时程增强无法发生，新的神经连接也无法形成。

　　注意是指个体将心理活动或意识指向和集中在某个特定的感知、思维或行动任务上。当我们专注于学习新的信息时，我们的大脑会产生更强的神经活动，这种活动会引发神经元之间

　　⊖　BÉLANGER A, LAVOIE N, TRUDEAU F, et al. Preserved LTP and water maze learning in hyperinsulinemic ZDF rats [J]. Physiology & behavior, 2004, 83(3): 483-494.

的突触连接强化，促进长时程增强的发生。

在缺乏专注力的情况下，大脑的处理能力和记忆功能受到限制。如果我们在学习时分心或没有充分投入，大脑就无法形成稳定的神经连接，从而使新的信息很难被记住和储存。

因此，专注力和注意力在学习和记忆过程中起着重要作用。通过提高注意力和专注力，我们可以增加长时程增强的发生概率，从而促进新的神经连接的形成，加强对学习内容的记忆和理解。

为了提高注意力和专注力，可以采取一些有效的方法，如：减少干扰源、创造有利于学习的环境、设定明确的学习目标、分解任务为小部分来逐步完成、采用集中注意力的技巧如冥想和注意力训练等。这些方法有助于提高大脑的专注力水平，为长时程增强的发生创造有利条件，从而增强学习和记忆的效果。

记忆力可以通过训练增强吗

8275630491256384729630417854639587261409823756283
7190643857296341682057394761529 03

这是一个随机产生的 82 位数的数字串。如果有人念一遍给我们听，我们有多大概率能全部准确记住？答案是几乎没有人能够，除了经过长期有效训练的人。

佛罗里达州立大学的心理学教授安德斯·艾利克森（Anders Ericsson）经过多年的研究证实，通过足够多次的训练，人的工作记忆容量可以扩大很多倍。[⊖]他的论文在 1993 年首次发表，并立即引起轰动。这篇论文已经被全球学者引用超过 5000 次。

艾利克森教授的训练对象是卡内基梅隆大学的学生，名叫史蒂夫·法隆（Steve Faloon），因为当时艾利克森教授正在该大学授课。法隆和教授每周见面几次，参与记忆训练任务。任务并不复杂，就是记住一串数字，随着数字位数的增加，要求记忆力也越来越强。教授以每秒大约一个数字的速度念出一串数字，例如"1、3、0、4、7、9……"，而法隆需要记住所有这些数字，并在教授念完之后准确地回忆出来。艾利克森教授希望通过这项实验，观察实验对象在经过练习后是否能够提高工作记忆能力。因此，他们制订了每次练习一小时的训练计划。

在刚开始的几次练习中，法隆能稳定地记住 7 位数字，这与科学家认为的人类的工作记忆容量平均只有 7 个组块的观点完全一致。

这里需要区分一下这项任务依赖的记忆与长时记忆的不同之处。每一次出现的数字串都是随机变化的，所以不能依赖于长时记忆中已经存储的内容来扩展记忆。艾利克森教授的实验要求法隆立即记住这些每次都不相同的数字串，并能够准确地复述出来。

当法隆辛苦地记住 8 位数和 9 位数时，他认为自己已经达

⊖　ERICSSON K A, KRAMPE R T, TESCH-RÖMER C. The role of deliberate practice in the acquisition of expert performance [J]. Psychological review, 1993, 100(3): 363-406.

到极限，不可能再记住更多了。然而，在教授的鼓励下，法隆继续努力。经过第 16 次练习，法隆已经可以记住 20 个数字，这已经远远超过了普通人的工作记忆容量极限。随着练习次数的增加，法隆的工作记忆能力也不断提升。练习 100 多次后，他可以记住 40 个数字；在实验结束时，即经过 200 次训练后，法隆能够惊人地记住 82 个数字。对于一个没有经过反复练习的人来说，这简直是令人难以置信的成就！

尽管艾利克森教授并没有得出结论认为，所有人都能通过训练扩大工作记忆的容量，但他随后进行了类似的训练实验，找了几名学生作为参与者。虽然这些学生没有像法隆一样达到 82 位数字的记忆力，但经过多次训练后，他们基本上都能够记住超过 20 位数字。这已经超过了普通人的工作记忆容量的两倍以上。这进一步证明了通过反复练习，工作记忆的容量是可以得到提高的。

其实，训练不仅能够增强工作记忆，也能增强长时记忆。

我经常穿梭于世界各地的不同城市，从非洲到美洲，从欧洲到亚洲。在我熟悉的所有城市中，伦敦和重庆的道路是最令我感到困惑的。即使依靠 GPS 导航，我也很容易迷路。我已经习惯了北京、西安、多伦多和曼哈顿那种将城市划分成一个个小方格的道路格局，而伦敦和重庆的道路则弯弯曲曲，道路之间的夹角都小于 90 度。十字路口很罕见，而 3 岔路、5 岔路、7 至 11 岔路则使整个城市的道路变得十分复杂。此外，这两个城市的单行道和死胡同也比其他地方更为常见。如果错过一个路口，可能需要绕行几公里才能找回正确的道路。

即使装备了 GPS 导航，伦敦的出租车司机也面临着巨大的记忆挑战。因为他们需要通过一项被誉为全球最难的考试。这项考试由伦敦交通部门负责，如果想要获得出租车司机执照，他们需要对以查令十字街为中心的半径为 9.6 公里范围内的区域进行全面详细的了解。伦敦的出租车司机经过 4 年的培训后，才能通过被称为"伦敦知识"考试的英国最艰巨的记忆任务之一。这项考试要求出租车司机记住伦敦复杂的道路系统，并熟悉所有可能的排列组合。知识库涵盖了 320 条不同的路线，2.5 万条大街，2 万个地标和景点，其中包括各大酒店、影剧院、餐厅、大使馆、警察局和体育设施，以及任何可能是乘客目的地的地方。仅仅听到这些数据就让人头疼，更不用说要准确记住其中的所有信息了。

这些出租车司机们并不一定拥有超越常人的智力水平，而且大多数人也没有上过大学，但他们的记忆力确实得到了显著提升。为了通过考试，学员平均每天要花费 3～4 小时强行记忆行程。绝大多数人会拿着地图，反复步行经过所有街道，仔细观察每栋楼和各种设施。

经过数年的艰苦训练，每天都投入几个小时进行强化记忆，出租车司机的大脑会逐渐认为自己所处的生存环境发生了变化：它需要更强大的记忆力来胜任任务。因此，大脑会自发地改变自身的结构，以便更轻松地应对记忆需求。这种改变被称为神经可塑性，它使得大脑中的神经元和神经连接变得更加适应记忆任务，从而提高记忆力。通过持续的训练和重复，出租车司机们的大脑逐渐建立了复杂的神经网络，使他们能够快速准确地记住伦敦城市的道路系统和相关信息。这种神经可塑性的变化是由大脑对外界刺激做出的适应性调整，使其能够更好地适应特定的认知任务。

海马是构建记忆的关键脑区，这一点在前面的章节中已经有所论述。

在对鸟类的研究中，科学家已经证实海马不仅参与构建记忆，而且会因为经验而增大。那些需要记住不同食物储存位置的鸟类，与不需要在不同地方储存食物的鸟类相比，它们的海马更大。一些鸟类的海马由于存储食物的经验而增大了近 30%。那么，人类大脑中的海马是否也会因为记忆训练而变大呢？

伦敦大学学院的神经科学家埃莉诺·马圭尔（Eleanor Maguire）曾对伦敦的出租车司机进行了这方面的研究。她利用功能性磁共振成像观察了 16 名出租车司机的大脑，并将他们与另外 50 名非出租车司机的男性进行了比较。这 50 名对照组的人与出租车司机在年龄上相当，但他们没有从事出租车司机的职业。马圭尔的研究观察到，在出租车司机的大脑中，海马的后部明显比非出租车司机的更大。而且，从事出租车司机职业的时间越长，海马的后部就越大。[⊖]

会不会是这些出租车司机本身的海马就比普通人大？

马圭尔为了进一步研究这一现象，展开了一项新的研究，

⊖　MAGUIRE E A, GADIAN D G, JOHNSRUDE I S, et al. Navigation-related structural change in the hippocampi of taxi drivers [J]. Biological sciences, 2000, 1497(8): 4398-4403.

并于 2011 年发表了相关成果。她招募了 79 名正在接受出租车驾驶许可证培训的司机申请人作为研究对象，这些司机申请人计划在 4 年后通过考试获得出租车驾驶许可证。同时，她还招募了 31 名年龄相仿的男性作为对照组进行比较。她对两组人的大脑进行了扫描，并发现在起初的扫描中，两组人的海马大小并无差异。

四年后，马圭尔重新观察了这些研究对象。在原先的 79 名出租车司机申请人中，41 人通过考试获得了出租车驾驶许可证，成为真正的伦敦出租车司机；另外 38 人未能通过考试。对照组的 31 人在此期间没有接受过出租车司机相关的培训或工作。马圭尔再次对这三组人进行了大脑扫描，结果显示未从事出租车司机工作和未通过考试的两组人的海马大小与四年前相比没有变化。然而，通过考试的那组人的海马后部明显增大了。⊖

这一研究结果进一步支持了海马具有可塑性的观点，表明通过长期的出租车司机训练，大脑的结构可以发生变化，尤其是海马后部的增大。这种变化可能是记忆训练和导航要求对空间记忆的增强所致。这项研究为我们理解大脑的可塑性和记忆形成过程提供了有力的证据。

如果我们还觉得自己并不擅长记忆类的学习内容，那很可能是因为我们训练记忆的次数还不够多，因此大脑中的海马并

⊖ WOOLLETT K, MAGUIRE E A. Acquiring "the knowledge" of London's layout drives structural brain changes [J]. Current biology, 2011, 21(24): 2109-2114.

未因适应新任务而产生变化。越是抗拒记忆类的学习任务，越会让大脑不具备强化记忆的结构。

类似于出租车司机的研究结果，经过反复的记忆训练和任务的实践，大脑中负责记忆的区域，如海马，可以发生适应性的变化。这种变化使得大脑能更有效地处理和存储相关的信息。因此，如果我们抗拒或回避需要记忆学习材料的学习任务，大脑可能没有经历足够的训练来适应这些任务的需求，从而导致记忆力的相对不足。

然而，这并不意味着我们不能提升记忆力。通过有意识地进行记忆训练、采用有效的记忆策略和技巧，我们可以改善自己的记忆力。这可能包括使用记忆宫殿、制订记忆规划、组织信息、重复和复习等方法。通过坚持练习和挑战自己，在记忆任务中积累更多的经验和训练，我们的大脑可以逐渐适应任务要求并改善记忆力。

本章小结：科学记忆改变学习

在学习过程中，记忆能力起着核心的作用。深入理解记忆的机制对于提高学习效果至关重要。让我们一起快速回顾一下本章的重要内容。

第一，边缘系统中的海马与记忆的形成高度相关。海马在短时记忆形成过程中起着关键作用，但它并不是最终的记忆储存位置。随着时间的推移，记忆会从海马慢慢迁移到更广泛的脑区，形成更为稳定的长时记忆。记忆的存储涉及大脑中神经元之间复杂的网络，这些网络在学习过程中形成并加强记忆。

第二，遗忘是非常常见的现象。艾宾浩斯遗忘曲线总结了一定的遗忘规律，但它并不完美，存在着一些局限性。我们了解到，记忆的材料和内容对遗忘的影响很大。通过将学习内容与我们已知的信息结合起来，提升其关联程度，可以增强记忆效果。

第三，学习的过程涉及不同类型的记忆，包括感觉记忆、短时记忆和长时记忆。每种类型的记忆都具有不同的特点和作用。感觉记忆帮助我们处理瞬时的感觉信息，短时记忆使我们能够在短暂时间内保持信息，而长时记忆则是更为持久的记忆形式。

第四，情绪对记忆起着重要的影响。强烈的情绪能够促进记忆，并且情绪也是一种有效的打断机制。情绪能够引起我们的注意，使我们更加专注于周围的环境，并且促使我们做出及时的应对。

第五，记忆力是可以通过训练来增强的。反复训练记忆力可以增强短时记忆和长时记忆能力。如果我们经常训练记忆力，大脑就会发生自适应的变化，比如与记忆形成相关的海马会增大。因此，记忆力越频繁被使用，就越强大，而不被使用则会逐渐减弱。

通过深入研究记忆的机制和特点，我们可以更好地理解记忆的本质，并掌握优化学习和提高记忆力的技巧，从而使学习成效更加卓越。

大脑纠错

　　尽管我没有经过正规的钢琴训练，对乐谱也不熟悉，但通过自己的努力，我成功地自学了一首钢琴曲《星空》，这让我感到非常自豪。

　　然而，由于我缺乏音乐知识，我的演奏并不准确，可以说是错误百出。但我并没有意识到自己的这些错误，反而为自己能够自学这首曲子一直沾沾自喜。直到有一天，我偶然听到了一个专业人士的正确演奏，这让我意识到，自己的弹奏存在很多错误。我感到非常惭愧，因此决定找一位专业老师来指导我如何正确地弹奏。

　　然而，纠正弹奏错误比我想象的困难得多。虽然老师指导后，我知道哪些地方出错了，也了解了正确的弹奏方法，但每次演奏到那些部分时，我仍然会不自觉地犯错。这是因为我最初接触到的手指位置或弹奏技巧存在错误，导致我无意识地形成了错误的记忆和行为模式。这些错误的模式在我反复练习和演奏的过程中得到强化，并在基底神经节中扎根。因此，当我弹奏这首曲子时，我的大脑前额叶并不积极参与，演奏几乎完全是"自动驾驶"。在这种情况下，纠正之前的错误变得更加困难。

错误不易被发现，以及难以被纠正，是学习中的常见现象，也是学习的最大障碍之一。我们如何发现错误，并将错误纠正，无疑是一个逃不过的话题。

当我们在学习过程中产生理解或记忆错误时，这些错误可能会对我们的学习进展和成果造成负面影响。

一方面，人类的记忆系统并非完全可靠，并不像照相机那样完全复制信息并可以长期准确保存。回忆和提取信息时，我们容易受到多种因素的影响，例如注意力的分散、信息的模糊或遗漏，以及已有知识和经验的干扰。这可能导致我们错误地理解和记忆事实、概念或技能。

另一方面，如果我们最初接触的信息本身就存在错误，那么学习的基础就不牢固。这种错误的信息可能来自教材、教师、同学或其他信息源。当我们以错误的信息为基础进行学习时，我们就会建立一系列基于错误信息的错误观念和误解。这些错误观念可能会在学习的后续阶段持续存在，并对我们的学习过程产生负面影响。

为什么错误难以纠正

当我们学习新的知识或技能时，大脑中的突触可塑性起着关键的作用。突触是神经元之间传递信息的连接点，而突触可塑性是指突触既可以因为新知识的到来而生长出来，同时又可以因为长期不被使用而消失，而且随着使用频率的改变，突触的强度以及容易激活的程度都会随之改变。在学习过程中，当我们重复某种行为或思维模式时，相关的神经元之间的突触连接会被强化。这是通过反复激活特定的神经回路和释放神经递质来实现的。强化突触连接使得这些神经元之间的信号传递更加高效和可靠，形成了一种稳定的模式。

当我们学习新技能时，大脑中的神经回路会发生变化。这一过程涉及神经元之间的连接和神经递质的释放，以及不同脑区之间的协调活动。在我自学钢琴曲《星空》的过程中，大脑首先会通过产生新的神经连接，将如何弹奏这首曲子的相关知识和动作储存进我的大脑。之后，随着反复练习带来的巩固过程，大脑里与弹奏该曲子相关的神经连接被反复激活，从而得到不断强化。

然而，在刚开始学习的过程中出现错误在所难免。如果错误得不到及时纠正，那么这些错误的模式也会被学习的巩固过程强化。当我们重复错误的行为或思维模式时，相关的神经元之间的突触连接同样会发生变化，使得错误的模式在大脑中更容易被激活。这种强化突触连接的过程会使错误的模式更加难以纠正。

当我重复练习和演奏这首曲子时，与弹奏这首曲子相关的神经元会被反复激活，于是神经连接被反复强化，我的大脑开始将这些动作编码为习惯性的行为，并最终由基底神经节主导，形成了所谓的"自动驾驶"状态。这一过程，让弹奏这首曲子的记忆得到了不断巩固。这种模式涉及大脑皮质的感觉和运动区域之间的协调。

错误的模式在大脑中得到强化后，它们成了我们行为的默认选择。当我们尝试纠正错误时，需要对这些已经强化的连接进行抑制。新的正确模式需要与错误模式竞争资源和神经活动，才能够在大脑中建立起来。这种竞争和抑制过程是困难且耗时的，因为错误模式已经在大脑中形成了一定的稳定性。

自动化是指大脑将一些动作或技能转化为习惯性的行为，使其在执行过程中不再需要大脑的主动参与和认知控制。在学习和练习的过程中，我们通过反复的练习和经验积累，将执行一些复杂任务的过程转变为自动化的过程。这种自动化过程涉及基底神经节和大脑皮质之间的协调。

基底神经节是大脑中负责运动控制、习惯形成和奖赏学习的核团。它与大脑皮质密切连接，并在自动化过程中发挥重要作用。当我们不断重复某项任务时，基底神经节会逐渐形成和加强特定的神经回路，使得这项任务的执行变得更加高效和节省能量。这样，大脑皮质的执行部分就可以将这些习惯性的行为委托给基底神经节，从而减轻大脑的认知负担。

一旦错误的模式在学习过程中自动化，基底神经节和大脑皮质之间的协调就会发生变化。大脑皮质的执行部分更多地依赖于已经自动化的错误模式，而不再主动参与纠正。这是因为自动化的过程使得错误的模式成为大脑默认的选择，并形成了稳定的神经回路。因此，即使我们意识到错误的存在，我们仍然会无意识地回到自动化的错误模式中，不自觉地犯错。

当我意识到自己在演奏中存在错误并试图纠正时，我面临着艰巨的挑战。这是因为之前形成的错误记忆和行为模式已经在我的神经网络中得到了巩固和强化。这些错误模式在大脑中形成了稳定的路径，导致我在演奏过程中很难自觉地避免犯错。

要纠正这些错误，我需要更多的认知努力和大脑的重新编码。这涉及大脑的可塑性和学习过程中的神经元活动。通过专业老师的指导，我可以学习到正确的演奏方法和技巧，新的神经连接和记忆编码也会相应地形成。然而，实现这种转变需要时间和反复的练习，以便形成新的稳定模式，并替代之前的错误模式。

在纠正错误的过程中，前额叶是一个关键的区域。前额叶参与了认知控制、注意和决策等高级认知功能。当我试图纠正错误时，前额叶需要发挥作用来监控和调整我的演奏。然而，由于之前的错误模式已经在大脑中根深蒂固，形成了稳定的路径，这使得前额叶在演奏时的参与度降低。因此，我更容易回到旧的错误模式中，不自觉地犯错。

纠正错误需要大脑皮质的执行部分重新参与和控制。这要求我通过有意识的努力和认知控制来监测和调整我的行为。我需要专注于正确的技巧和行为，但错误模式也会被自动启动，因此我需要付出额外的努力去抑制错误模式。这需要付出更多的认知努力和不断的实践，以逐渐削弱错误模式的神经连接并建立新的正确模式。

尽管自动化过程使得大脑在习得一项技能后能够更高效地执行，但它也带来了困难，因为一旦错误模式自动化，纠正它就需要克服既定的神经回路和习惯性的行为。因此，在纠正错误模式时，我需要有意识地中断自动化过程，重新引导大脑的执行部分参与纠正，以实现正确模式的建立和强化。

对于已经有学习经验的学生而言，很多时候纠正错误比起学习新知识来说更具挑战性。因为一方面需要大脑前额叶积极参与，来纠正错误；另一方面，由于基底神经节已经学会了"自动驾驶"，要求前额叶更少参与。在这样的矛盾中，错误就更加难以得到纠正。

这也是为什么许多老师在教授具有学习经验的学生时会格外谨慎，因为他们需要花费更多的时间和努力来纠正错误并重建正确的学习基础。

最后不得不提的是，有时大脑明知这样做是错误的，却并不一定会予以纠正。这让纠正错误更加困难。这又是怎么回事呢？我们后面再讲。

为什么错误难以发现

记忆是可以重构的，它的这个特征对学习来说非常重要，如果最初对某一个知识的记忆并不正确，我们可以依靠重构记忆给予纠正。然而又正是因为记忆可以重构，记忆会很容易被扭曲。

随着时间的推移，我们对过去的记忆会逐渐减退，这在认知科学和神经科学中被称为遗忘现象。记忆的减退可以归因于多个因素，包括时间的流逝、记忆的不被使用和竞争性记忆的干扰。因此，随着时间的推移，我们对过去经历的事件和信息的记忆可能变得模糊或缺失。当我们尝试从记忆深处提取一段已经模糊甚至缺失的记忆时，大脑就需要重建记忆。

在记忆重建过程中，大脑会尝试使用现有的片段和线索来填补记忆中已经消退的空白。这是因为记忆存储在大脑中的分布式网络里，并且与其他相关的信息和经验相互关联。当我们回忆起某个事件或事实时，大脑会尝试使用相关的记忆片段和联想来重建完整的记忆。然而，这种重建过程往往基于推理和猜测，可能依赖于与实际事件不相关的记忆。因此，记忆重建经常伴随着记忆的偏差。那么对学习内容来说，记忆的偏差就是错误的根源。

人类的记忆并非像录像一样准确地记录事实，而是会受到注意力、情绪和其他认知因素的影响。而且，记忆是主观的构造，容易受到个人观点、信仰、情感和期望的影响。所以记忆的重建也容易受到以下这些因素的干扰和影响，例如他人的陈述、媒体报道或其他环境因素。这些干扰因素很容易导致我们的记忆产生偏差，使我们对过去事件的记忆与实际发生的事存在偏差。

事实上，人类的记忆非常不可靠。我们很容易记住大致的信息轮廓，但很难准确记忆其中的细节。对于学习知识而言，往往需要的是记忆细节。

研究发现，人们在青少年时期形成的记忆与成年时的回忆很少有相似之处。一项研究证实，虽然只有 30% 的父母回忆起自己曾在青少年时遭受过体罚，但形成对比的是，90% 的青少年都十分确信他们被体罚过。这两个数据之间存在 60% 的巨大差异，足以证明我们的记忆并不准确。

实验室的研究也在不断证明，人类的记忆绝对不像照相机拍出的照片那样精准。而且，记忆出错的情况非常普遍。没有任何领域比目击者证词领域的记忆错误更显而易见。对法官和陪审团来说，目击者证词是最具有说服力的证据类型之一，但不幸的是，很多无辜的人因为目击者的错误再认而被监禁入狱。2009 年 12 月，248 个被错判的人在平均入狱服刑 12 年后因新的 DNA 证据而被无罪释放，而这些人中有 75% 的人是因为目击者证词获罪。⊖

这太让人难以相信了，目击者证词竟会让如此多的人入冤狱。但如果我们看看下面的研究，就不难理解记忆的偏差的确存在于目击者回忆中了。在一项研究中，被试观看一个安保监控录像，一个持枪歹徒在图像上出现了 8 秒，随后研究人员让被试在一组照片中挑出持枪者。研究人员惊讶地发现，即使歹徒的照片根本不在这组被辨认的照片中，但所有被试都挑出了他们认为是持枪者的那个人。⊖另一个研究采用了相似的实验

⊖ WEST E, METERKO V. Innocence project: DNA exonerations, 1989-2014: review of data and findings from the first 25 years [J]. Albany law review, 2016, 79(3): 717-795.

⊖ BRADFIELD A L, WELLS G L. The perceived validity of eye witness identification testimony: a test of the five Biggers criteria [J]. Law and human behavior, 2000, 24(5): 581-594.

设计，结果 61% 的被试在不包含犯罪者的照片集中挑出了嫌疑人。[⊖]

这些研究结果确凿无疑地表明，由于人们的记忆偏差，要求人们在观看案发录像后正确再认犯罪嫌疑人变得异常困难。然而，在真实的犯罪场景中，情况更加复杂，记忆的偏差也更加显著。

关于为什么目击者难以准确回忆，科学家提出了多种假设并进行了相关研究。其中之一是武器焦点效应：当有武器参与时，目击者往往过于关注武器本身，而难以注意到其他细节。另一个因素是场景的熟悉性。例如，有一起案件中，一位女性受害者在犯罪发生当天正在观看心理学家唐纳德·汤普森（Donald M. ThomPson）的电视直播。基于对汤普森面孔的记忆，她错误地指认了汤普森是袭击她的人。然而，实际上，汤普森当时正身处电视直播间，他有确凿的不在场证据。[⊖]

除此之外，目击者在提取、重建记忆时，还可能受暗示效应[⊜]、指认后反馈效应^⑭、事件后提问效应^⑮等因素影响，所有这些效应都证明了目击者的记忆与事实之间存在巨大的偏差。

⊖ BOWER B. Gone but not forgotten[J]. Science News, 1990, 138: 312.

⊖ SCHACTER D L. The sevens ins of memory: how the mind forgets and remembers[M]. Boston: Houghton, Mifflin and Company, 2002.

⊜ 暗示效应是指外界的暗示或引导可能会对一个人的记忆产生影响，导致他错误地回忆。

⑭ 指认后反馈效应是指目击者在对某个嫌疑人进行身份确认后，接受关于他们选择的反馈。这种反馈可能会对目击者的记忆产生影响，使他们更加确定或不确定自己的选择，导致记忆的失真。

⑮ 事件后提问效应是指对目击者在事件后提问的方式和内容会对其记忆产生影响。提问的方式和内容可能会引导目击者的回忆，使其更倾向于回答问题者期望的答案，或者在回忆时忽略或扭曲一些细节。

难道是目击者故意在法官和陪审团面前撒谎？当然不是，至少绝大多数目击者并不是故意的。这种记忆偏差的现象，源于目击者的记忆出现偏差后大脑处理记忆的机制。

这种大脑处理记忆偏差的机制的背后，是大脑对故事的偏好和创造能力。

人类的大脑自古以来就喜欢故事，并且擅长编造故事。从古代的口头文学到现代的畅销小说，我们总是对叙事有浓厚的兴趣。电影和电视剧能够获得巨大的市场收入，纪录片却很难吸引大量观众。这种大脑的偏好为记忆的扭曲提供了一定的空间。我们无法记住事情的每个细节，通常只会记住对自己情绪影响最大的部分。那么，剩下的部分该怎么处理呢？大脑会自动进行补充。

大脑会将自己生动想象出来的虚构元素与真实事件混为一谈，并将其牢记，就像它们是真实发生过的事件一样。这种现象称为"虚构记忆"，它会使我们对过去发生的事情产生错误的回忆或理解。

大脑的这种创造性和故事编造能力在某种程度上是有益的，因为它让我们能够填补记忆的空白，并构建起连贯的叙事。然而，它也带来了记忆的不可靠性和扭曲。这对于法庭系统和司法决策来说是一个重要的问题，因为目击者的虚构记忆可能会导致错误的指认和不公正的判决。

神经科学家迈克尔·加扎尼加（Michael Gazzaniga）的研究充分证实了大脑倾向于编造对其动机的错误解释，用以弥补记忆中已经消退的部分。

长期以来，科学家一直认为癫痫发作是两个大脑半球之间的连接紊乱导致的，因此，一种治疗癫痫的方法是通过手术将患者大脑的两个半球之间的连接切断。经过这种手术的患者被称为"裂脑人"。我们知道，语言回路位于左脑，而左半边视野信息被记录在右脑中，因此裂脑人的那部分可以讲话的半脑完全没有意识到他们左半边视野中的世界。然而，患者的右脑仍然活跃，可以对呈现在左半边视野中的简单指令做出回应，比如行走或笑。当研究者问及患者为什么走出来时（我们知道这是对呈现在右半脑中的指令的回应），他们会富有创意地回答："去拿杯可乐。"一些裂脑患者在编造行动理由时可能会稍有犹豫，但更多的实验结果表明，这种"编造"是下意识进行的。[⊖]

为了使故事连贯，例如为行动找到一个理由，大脑乐于插入一些虚假的信息。大脑通过将新信息与之前存储的信息联系在一起来理解世界的意义。

这些发现使我们意识到，在辨别记忆中的偏差并进行纠正时面临着巨大的困难。大脑的这种编造和连接机制让我们的记忆变得容易扭曲，使得辨别事实和虚构记忆变得更加复杂。纠正这些记忆偏差变得更加具有挑战性，需要仔细的研究和努力，以尽量减少错误回忆的影响，确保我们对过去事件的理解尽可能接近真相。

⊖　加扎尼加 . 双脑记：认知神经科学之父加扎尼加自传 [M]. 罗路，译 . 北京：北京联合出版公司，2016.

学习，需要激活正确的神经元

加拿大著名神经科学家唐纳德·赫布的研究，对于理解学习和神经可塑性的关系确实具有重要意义。赫布理论的核心观点是，同时被激活的神经元之间会建立连接。

学习阅读的例子非常生动地展示了大脑神经可塑性。在学习阅读的过程中，我们通过与字母 A 的接触来演示神经可塑性是如何发挥作用的。当我们看到字母 A 时，视觉信息首先被传递到大脑左侧的颞枕区域，这个区域可以识别字形。在这里，大脑通过分析 A 的形状，将其识别为特定的字母。同时，位于大脑的顶部和颞叶之间的左颞顶皮质负责处理字母的读音。这个区域与字形识别区域进行密切交流，通过激活与字母 A 相关的读音神经元，建立起它们之间的联系。

根据赫布理论，通过同时激活字形识别区域和读音处理区域，这两个区域之间的连接变得更加牢固。这种连接的形成对于建立阅读神经网络至关重要。实际上，**学习就是通过改变大脑中神经元之间的连接方式来实现的**。

在阅读过程中，当我们反复遇到相同的字符时，大脑中的字形识别区域和读音处理区域会同时被激活，关于这个字符的神经连接会建立起来。随着相同的神经连接不断地重复激活，大脑逐渐加强了字形和读音之间的关联，从而形成了一个稳定而高效的阅读神经网络。这个神经网络使我们能够更快地识别字符及其对应的读音，从而提高阅读的速度和准确性。

通过这个例子，我们可以看到，学习是一个动态的过程，它通过改变大脑神经元之间的连接方式来实现。这种神经可塑性的作用使我们能够逐渐掌握新的技能和知识，包括阅读。这也说明了大脑是一个适应性极强的器官，能够通过反复学习和练习来优化自身的功能和效率。

虽然在大多数情况下，同时激活的神经元之间会形成连接，对学习产生积极影响，但有时这种连接也可能阻碍学习的迁移，并产生负面影响。

在学习过程中，我们通常处于特定的环境中，这意味着与环境信息相关的神经元和与所学知识相关的神经元经常同时被激活，并因此形成连接。这就是为什么在特定环境中，我们总能回想起与该环境相关的人和事情。

当我们学习时，我们通常处于特定的环境中。这里说的环境包括特定类型的问题、特定的坐姿、特定的光照条件等。所有这些因素使得我们更容易重新激活在相同环境中学到的知识。因此，当我们尝试在不同的环境中应用已学知识时，可能会遇到困难。

当我们学习新的信息时，我们的大脑会将这些信息与特定的环境背景联系起来。这种联系被称为情境依赖记忆（context dependent memory）。情境依赖记忆理论认为，当我们想要回忆起学习过的信息时，所处的环境会对我们的记忆产生影响。当我们试图将学到的知识迁移到不同的环境或应用于不同的情境时，我们需要面对重新激活相关神经元的挑战。这就解释了为什么我们在学校学习数学加减法时表现出色，但在其他环境中遇到相同类型的问题时可能感到困惑。

为了研究情境依赖记忆，研究人员设计了实验，邀请参与者在陆地和水下两种不同的自然环境中接受信息展示。在陆地环境中，参与者被要求观看和学习一系列图像或文字。而在水下环境中，参与者则在潜水的过程中接收相同的信息。在每个环境中，参与者接收到的信息都是相同的，只是所处的环境不同。然后，参与者被要求进行记忆测试，以评估他们在不同环境下的记忆表现。

结果显示，在水下学习的单词，平均能在水下环境里被准确回忆出 11.4 个，而在陆地上准确回忆这些单词的平均数量是 8.4 个。相反，在陆地上学习的单词，在陆地环境下准确回忆的数量是 13.5 个，而在水下环境里准确回忆的数量只有 8.6 个。无论是在水下学习还是在陆地上学习，结果都表明，当人们处于与学习过程相同的环境中时，更容易回忆起所学内容，也就是更容易重新激活在相同环境下所学的知识。[⊖]

类似的研究还有很多，它们进一步证实了环境对学习和记忆的影响。例如，在听音乐的时候学习特定内容，然后在相同的音乐环境下回忆，会带来更高的正确率。另外，当人们在喝咖啡或可乐的同时学习，然后在再次喝咖啡或可乐时回忆，同样会获得更高的正确率。这说明在回忆过程中，音乐环境以及与咖啡或可乐相关的环境信息起到了重要的作用。

这些研究结果提供了进一步支持，即环境因素对学习和记

⊖ GODDEN D R, BADDELEY A D. Context-dependent memory in two natural environments: on land and underwater [J]. British journal of psychology, 1976, 66(3): 325-331.

忆具有显著影响。了解这一点对于优化学习和记忆过程至关重要。我们可以尝试在不同的环境中进行学习，创造出有利于信息迁移和回忆的多样化条件。同时，我们可以尝试在需要回忆的环境中重新创造学习时的条件，以促进记忆的提取和回忆的准确性。这种意识和应用可以帮助我们更好地利用环境因素，提高学习效果和记忆力。

我们还可以通过多样化的学习环境和刻意的练习来克服依赖性学习带来的障碍。通过在不同的环境中学习、解决问题，并结合不同的情境进行练习，我们可以增强神经元之间连接的多样性，使所学知识更具迁移性。这种广泛的学习和练习可以帮助我们将知识应用于不同的情境，提高我们学习的灵活性和适应性。

同时被激活的神经元会被自动连接在一起。不过，仅仅激活神经元不足以有好的学习效果，还需要激活与学习目标相关的神经元。

确保激活的是"正确"的神经元对学习至关重要。在学习过程中，如果我们激活了大量神经元，但没有针对性地激活与学习目标相关的神经元，那么所形成的连接可能会变得混乱或毫不相关。这可能导致学习结果出现偏差，影响我们理解和应用所学知识。

在学习中的一个常见现象是：大脑中的某些与学习目标不相关的神经元会被激活，但与学习目标相关的神经元没有得到足够的刺激。这种情况发生的原因有很多，其中一个最显著的原因是，我们大脑中浮现的思维内容与我们需要学习的内容不一致，甚至毫不相关。举例来说，一个在上课时注意力不集中的学生，当他思考今晚要做什么的时候，他的大脑处于活跃状态，充满了对晚上聚会的想象，但与学习目标相关的神经元并未得到激活。[⊖]

认知心理学家为了了解课堂里使用笔记本电脑对学习的影响，在模拟课堂里考察了这种情况。他们发现，在上课期间用笔记本电脑进行多任务处理的学生，在测试中的得分低于那些不使用电脑的学生。虽然学生们都声称自己认真听讲了，然而测试结果正如图 3-1a 所示，课堂上使用笔记本电脑尤其是浏览社交媒体的学生，对课堂内容的测试正确率是 55%，而没有使用笔记本电脑的学生的正确率是 66%。这说明课堂里使用笔记本电脑很可能是学习中存在偏差的来源之一。

令人惊讶的是，即使学生自己不使用笔记本电脑，而仅仅是能够看到一旁的同学在使用电脑处理多任务（如图 3-1b 所示），这些学生的测试得分也会低于那些没有看到同学使用电脑的学生。如图 3-1c 所示，没有受干扰的学生平均正确率为 73%，而受干扰的学生的正确率只有 56%。[⊖]可以推测这些学生因为注意力被分散，所以学习效果明显变差。

合理的假设可以解释这一情况，即学生在课堂上激活了其他神经元，而没有激活与学习目标相关的神经元。

———————

⊖　马森. 激活你的学习脑［M］. 唐静，译. 北京：中国财政经济出版社，2022.

⊖　SANA F, WESTON T, CEPEDA N J. Laptop multitasking hinders classroom learning for both users and nearby peers［J］. Computers & education, 2013, 62: 24-31.

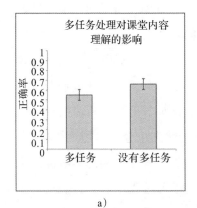

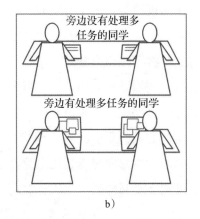

a)

b)

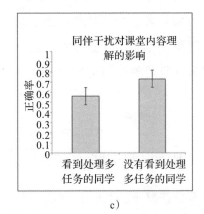

c)

图 3-1　课堂干扰对学习的影响

　　这些研究结果强调了环境和注意力对学习的影响。当我们的大脑分散注意力时，与学习目标相关的神经元无法得到充分激活，导致学习效果下降。

　　要改善学习效果，我们需要处于良好的学习环境中，远离干扰，集中注意力在学习任务上。这可能需要采取一些策略，比如设立专用的学习空间，制订学习计划，避免使用电子设备时的干扰，以及培养集中注意力的习惯等。

除了注意力分散，还有其他因素可能会影响学生的学习效果。例如，环境因素对学习产生影响。如果课堂环境嘈杂或不舒适，学生可能难以集中注意力，从而导致学习所需的神经元无法有效激活。此外，学生的情绪状态也会对学习产生影响。如果学生感到焦虑、压力重重或缺乏兴趣，他们的学习神经元可能会受到抑制，无法有效地参与学习过程。

因此，为了提高学习效果，学生需要努力集中注意力，创造有利于学习的环境。管理情绪状态、培养学习动机以及采用有效的学习策略也是至关重要的。例如，积极参与课堂讨论、主动提问和复习等学习策略有助于激活学习所需的神经元。

提取练习：发现错误的钥匙

虽然在大多数情况下，长时记忆必须依赖信息的重复出现，但我们的记忆有一个特点，**主动的回想比被动的重复巩固更能提升记忆效果**。

当我们进行主动回想时，就是在做对记忆的提取练习。此时，我们实际上是在努力从我们的长时记忆中提取出特定的信息或知识。这个过程包括回想和恢复我们之前学习的内容，将其置于意识的前台。通过这种提取练习，我们可以增强记忆的可访问性和可用性，帮助我们更有效地处理当前的学习任务。

虽然人类大脑能容纳的信息量很大，科学家声称它能存储的内容可供 300 万套电视节目同时播放，[⊖]但不幸的是，超过 99% 的经历都是过眼云烟，转瞬即逝。我们真的能从大脑里提取出来的记忆，少之又少。我们还必须认识到，**提取能力会因为编码质量的提高和反复练习而得到加强**。如果得不到强化的机会，提取能力便会迅速下降。

当我们读完一本关于历史的书（其中包含许多事件和人物，还包含了与之相关的时间线索）后，在提取练习中，我们可以试着回想这些事件和人物的名称、时间线、事件之间的关联性等。通过努力从记忆中提取这些信息，我们会发现自己对一些内容记得非常清晰，而对另一些内容可能会感到模糊和不确定。我们能很快意识到记忆的缺失或不完整，这一点有助于指导我们接下来的学习和巩固过程。

提取练习还可以帮助我们识别和纠正错误。当我们回想起某个知识点或概念时，如果发现我们犯了错误，或者与正确的答案不一致，我们可以通过寻求反馈来改进我们的理解。这类反馈可以加强正确的记忆，并帮助我们避免在将来犯同样的错误。

世界知名神经教育学家史蒂夫·马森强调了提取练习在学习中的重要性。仅仅花几分钟进行反思，例如回顾课堂内容并思考自己所学，就可以极大地提高学习效果。这是因为，即便是简短的提取练习，也能够让我们轻松地发现我们刚刚的学

⊖　凯里.如何学习[M].玉冰，译.杭州：浙江人民出版社，2017.

习中，有哪些地方不充分或不牢固。提取练习也更容易获得反馈，从反馈中我们可以发现错误。

尽管我们在过去的经历中积累了大量的记忆和知识，但这些长时记忆的信息并不总是处于我们的意识之中。如果我们想要使用长时记忆，就必须从记忆深处找到并提取出来。只有当这些长时记忆的痕迹进入意识层面后，我们才能够利用它们。例如，当我们面对一个数学问题时，我们会根据线索从长时记忆中提取与该问题相关的数学公式，并将其带入工作记忆中。然后，在工作记忆的协助下，我们才能完成计算或解决问题。提取练习是将记忆转化为可用知识的重要过程，它帮助我们将信息从记忆深处提取到意识的前台，并将其运用于实际学习和问题解决中。

因此，提取练习是一个强大的学习策略，它可以提高我们对学习材料的理解和记忆的持久性。通过不断进行提取练习，我们可以将知识从长时记忆中提取到工作记忆中，使知识更易于应用于实际情境中。

高效的提取练习：小测试

小测试被认为是一种高效的提取练习。因为小测试要求我们主动回忆和提取已学知识，这会激活我们的记忆系统。

若想回答问题或完成任务，我们必须从长时记忆中检索相关的信息，并将其带入工作记忆中。这个过程帮助我们重新激活和巩固已有的神经连接，加强对知识的记忆。通过小测试，我们可以发现自己对知识的掌握程度和理解深度。当我们在回答问题时遇到困难或出现错误时，这提醒我们，对某些方面知识的记忆还不够牢固或理解还不够深刻。意识到自己的知识缺口可以促使我们进一步学习和强化这些薄弱点，从而提高学习效果。

小测试提供了即时反馈，帮助我们发现和纠正错误。通过比对答案或者得到教师或同伴的评估，我们可以知道自己的回答是否正确，从而调整和改善自己的学习策略。这种及时的反馈有助于强化正确的记忆和理解，同时纠正错误的观念。

绝大多数长时记忆依赖于信息得到重复，每一次进行提取练习都是在通过重复对知识进行巩固。那么像小测试这样的提取练习，是次数越多就越好吗？

华盛顿大学的两位科学家进行了一项实验，比较了测试次数（也就是提取次数）对学习效果的影响，并在 2010 年发表了相关论文。这项研究将学生分为三组，每组共进行 8 个时段的学习。第一组学生的所有 8 个时段都用于学习。第二组学生减少了一些学习时间，用于进行测试，即通过回答问题进行提取练习。因此，他们花了 6 个时段进行学习，2 个时段进行测试。第三组学生的学习和测试时间平均分配，各用 4 个时段。

研究结果如图 3-2 所示：只进行学习而不进行提取练习的学生是图中深灰色，在没有任何线索作为提示的情况下，他们的平均回忆率仅为 17%，而在有线索提示的情况下为

42%。进行 6 个时段学习，外加 2 个时段测试的学生是图中
的浅灰色区域，他们的平均回忆率，在无线索提示的情况下
是 25%，在有线索提示的情况下是 47%。图中的白色部分是
4 个时段学习外加 4 个时段测试的学生，他们的平均回忆率
在没有线索提示时就已经高达 39%，在有线索提示时更是达
到了 60%。这些结果明确表明，进行更多的提取练习可以显
著提高学习效果。[⊖]

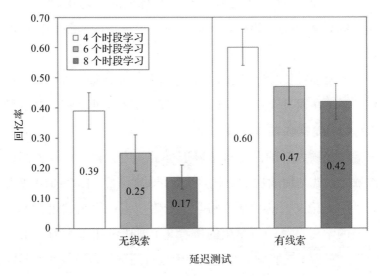

图 3-2　有线索的提取练习和无线索的提取练习

2012 年的一项研究显示，每一次提取练习，都能将学习

⊖　ZAROMB F M, ROEDIGER H L. The testing effect in free recall is
associated with enhanced organizational processes [J]. Memory and
cognition, 2010, 38(8): 995-1008.

效果提升 15%。[⊖]最终，可以达到 100% 的回忆正确率。虽然个体间肯定存在差异，有的人可能进行 2～3 次提取练习，就可以达到 100% 正确率，有的人则需要更多次。但无论如何，随着提取练习的增多，学习能力较弱的人的回忆率会越来越接近较强学习者。

提取练习对学习有效的一个原因是，提取练习需要克服一定困难。

在一项研究中，研究人员安排了 800 多名大学生听一个学期的心理学导论课程。在其中一次讲座中，教授讲解完一个核心概念后，要求学生用自己的话写下对该概念的书面总结，并用例子详细说明该概念。对于其他重要概念，教授让学生抄写幻灯片讲义，因为这被广泛认为是一种良好的学习习惯。抄写幻灯片是一种单纯的巩固过程，而用自己的话总结学习内容涉及记忆的提取。在随后的考试中，成绩有力地证明了提取的效果优于单纯的巩固。因为用自己的语言复述核心概念的学生最后在考试中的得分远高于那些仅仅抄写幻灯片的学生的得分。[⊜]

记忆失用理论的提出者比约克夫妇认为，当我们费尽心思地提取某段记忆时，我们对该记忆的再次学习程度也会更深，提取能力和存储能力都会增强。

⊖　ROEDIGER H L, PYC M A. Inexpensive techniques to improve education: applying cognitive psychology to enhance educational practice [J]. Journal of applied research in memory and cognition, 2012, 1(4): 242-248.

⊜　GINGERICH K J, BUGG J M, DOE S R, et al. Active processing via write-to-learn assignments: learning and retention benefits in introductory psychology [J]. Teaching of psychology, 2014, 41(4): 303-308.

因为提取记忆并不总是顺利的。我们经常会发现，曾经清楚记得的事情突然间就想不起来了。提取记忆并不是一个瞬间完成的过程。当我们试图从大脑中搜索某个记忆痕迹时，各种思维和图像的神经连接都会被激活。我们需要从中找出线索，然后顺着线索提取出我们真正想要的信息。当面临提取困难时，最好不要中断提取的过程，例如立即查找正确答案。这样做虽然会减少提取的阻力，使任务变得轻松，但实际上，一段记忆被提取的阻力越大，这段记忆在神经网络中留下的痕迹就越深。这是因为有关这段记忆的神经连接得到了巩固。

提取练习涉及记忆的重塑和加工。当我们进行提取练习时，我们实际上在不断激活我们的记忆。这个过程通过促使我们主动回忆和提取信息来加强相关的神经连接和记忆路径。每当我们提取和运用记忆时，我们都在强化和巩固与特定知识或概念相关的神经回路。这种反复激活和强化的过程被认为是记忆巩固和提高记忆可提取性的关键因素。

提取练习的神经机制

神经科学的研究进一步揭示了提取练习在大脑中的神经基础。

提取练习涉及多个脑区之间的复杂协同作用。在提取阶段，海马等和记忆相关的脑区被激活，以检索和提取长时记忆中的相关信息。工作记忆系统则参与将提取的信息进行临时保持和处理，帮助我们解决当前的学习任务。这些神经回路的相互作用和调节促进了记忆的检索、更新和应用。

提取练习还与记忆的再编码和关联有关。当我们提取信息时，大脑不仅会激活已存储的记忆，还会将新的理解与之前的记忆进行关联。这种记忆的再编码过程有助于建立更强的神经连接和更丰富的知识网络。通过将不同时期对知识的理解联系起来，我们能够更好地把握和应用所学的内容。

与简单的重读学习材料相比，提取练习能够激活大脑的腹内侧前额叶皮质和海马。早在 1998 年，《科学》杂志就发表过一篇论文，解释了这两个区域的激活程度与大脑对信息保存水平之间的关系。也就是说，这两个脑区在我们从事与学习相关的任务时会被激活。⊖研究发现，这两个区域的激活程度越高，学习者在之后的提取过程中就能越好地回忆信息。

在学习过程中，功能性磁共振成像可以捕捉到大脑左内侧前额皮质区域的活动。当我们提取记忆时，这个区域也会一直处于非常活跃的状态。可见，学习和提取过程都会激活这个脑区。每一次记忆的提取都是相关记忆痕迹的神经连接被重新激活的过程。我们提取某个信息的次数越多，相关神经元被反复激活的次数也越多，从而使关于这一信息的神经连接更加牢固。

研究发现，间隔练习、混合练习等提取练习可以让学习更有效，让记忆更可靠。我将在接下来的章节里详细介绍这些科学的学习方法。

⊖ WAGNER A D, SCHACTER D L, ROTTE M, et al. Building memories: remembering and forgetting of verbal experiences as predicted by brain activity [J]. Science, 1998, 281(5380): 1188-1191.

　　由于提取练习涉及反复激活神经元，当我们进行多次提取练习时，需要避免过长时间的连续刺激，以免导致神经抑制。科学家建议，**在练习时间过长且感觉提取变得容易时，最好先进行适当的休息**。提取变得轻松并不意味着我们已经完全掌握并且不会再遗忘，之后我们仍然需要继续巩固神经连接，以提升记忆的保持时间和可访问性。

　　因此，在学习过程中，通过多次提取练习来反复激活记忆，并在适当的时候进行休息，可以帮助我们巩固知识、提高学习效果，并降低遗忘的可能性。这种方法充分利用了认知科学和神经科学的理论和研究成果，为我们提供了更有效的学习策略。

高质量反馈：纠正错误的关键法宝

　　2011 年的一项研究中，纽约市摩根士丹利儿童医院收集了 234 个脚踝受伤的儿童病例。每个病例的信息包括一组 X 射线照片以及对儿童病情和症状的简要概述。该医院利用这些病例创建了一个图像库，用于培训住院实习医生。实习医生需要根据病情信息和 X 光片判断儿童是否受到伤害，以及确定受到伤害的具体位置。一旦实习医生做出诊断，经验丰富的放射科医生会立即提供反馈，评估实习医生的诊断的准确性以及可能漏掉的重要细节。

　　最初，实习医生仅仅依靠大学期间学到的知识进行诊断，导致错误率较高。然而，在经历了 10 多次图像库训练，每次训练都得到经验丰富的医生的反馈后，他们的诊断准确性迅速提高。在完成对所有 234 个病例的练习后，实习医生的准确率已经接近经验丰富的医生的水平。[⊖]

这项研究提供了有关反馈的重要性，以及反馈对学习和技能获取的显著影响的实证结果。

通过提供及时和准确的反馈，住院实习医生在学习诊断脚踝受伤方面取得了显著的进步。初期，他们依赖自己在大学学习的知识进行诊断，错误率较高。然而，经过多次训练和反馈，他们能够快速提高准确性，达到与有经验的医生相近的水平。

这一研究结果强调了反馈在学习和技能获取过程中的关键作用。通过及时提供准确的反馈，学习者能够识别和纠正错误，改进他们的表现。反馈不仅可以提供关于错误的信息，还可以指导学习者注意重要的细节和知识点，从而增强学习效果。

在学习过程中，我们经常会出现有关知识的记忆偏差和理解错误的情况。这些错误必须得到纠正，因为我们的学习是建立在旧知识的基础上的，如果旧知识本身就是错误的，那么我们对新知识的理解也会出现错误。一个极端的例子是，如果一个学生错误地认为 1 加 1 不等于 2，而是等于 3，并且这个错误没有被纠正，那么这个学生基于这个错误的所有计算都将是错的——房子会盖歪，药物剂量会过低，飞机会坠毁，卫星会

⊖　艾利克森，普尔. 刻意练习：如何从新手到大师［M］. 王正林，译. 北京：机械工业出版社，2016.

偏离轨道。

学习中的记忆偏差和理解错误会导致一系列后续错误的发生。因此，纠正错误对于有效学习至关重要。

纠正错误常常依赖于反馈，包括来自环境的反馈、他人的反馈以及我们通过自我观察所获得的反馈。环境的反馈可以是外部世界对我们行为的直接响应。例如，在解决问题时，我们可以通过观察结果与预期结果之间的差异来判断我们的解决方法是否正确。其他人的反馈也极其重要，他们可以提供不同的视角和经验，帮助我们识别和纠正错误。此外，我们自己对自己的观察和反思也是至关重要的，我们可以通过自省和自我评估来发现自己的偏差和错误。

研究显示，反馈是对学习效果影响最大的因素之一。$^{\ominus}$反馈可以减少当前的理解程度与期望的理解程度之间的差异。

反馈的一种常见形式是来自自我的反馈。比如优秀的学生在考试交卷前通常会做仔细的自我检查，来发现错误并及时纠正。学生可以使用有效的错误检测策略和方法，提升自我反馈的质量，以达到目标。这种错误检测功能非常强大，通常情况下，成绩好的学生非常善于通过自我检查获取反馈。如果自己能够检查出自己的错误，且经常反复检查，就很容易自我觉醒：自己很深入地理解自己总会在什么地方犯错，之后再遇到同样的问题时，就很容易避免出错。这往往比他人给予的反馈更能修正错误。

$\ominus$ HATTIE J, TIMPERLEY H. The power of feedback [J]. Review of educational research, 2007, 77(1): 81-112.

　　但学习活动中，仅仅依靠自我发现错误肯定远远不够。其中一个例子就来自我自己，我很难检查出自己文章里的错别字。这很可能是因为重复太多次阅读自己的文章，大脑活动已经受到了抑制，这会让我快速忽视熟悉的内容，于是就更难发现自己的问题。如果自己本身就不知道错误所在，那么检查可能无济于事。这时候我们怎么办？我们需要来自他人的反馈。

　　感谢细心的研究人员，他们针对基于计算机学习环境的学习内容，对各种反馈方式所能达成的效果做了研究和统计，这份统计结果可以指导我们更好地利用恰当的反馈来修正我们的错误和偏差。[⊖]

　　研究人员首先注意到，反馈的时间对反馈的效果会产生影响。如图 3-3 所示，横轴代表学习任务的难度，纵轴代表反馈带来的改善效果。当学习任务简单时，立即反馈的效果要好于延迟反馈。而当学习难度增大到一定程度后，延迟反馈的效果更好。

　　另外，研究的结果还提醒我们，务必注意反馈的方式，因为不同的反馈方式会带来截然不同的效果。[⊖]如表 3-1 所示，研究人员发现，采取不同的反馈方法所产生的效果差异极大。

⊖ Van der KLEIJ F M, FESKENS R C W, EGGEN T J H M. Effects of feedback in a computer-based learning environment on students learning outcomes: a meta-analysis[J]. Review of educational research, 2015, 85(4): 475-511.

⊖ VOLLMEYER R, RHEINBERG F. A surprising effect of feedback on learning[J]. Learning and instruction, 2005, 15: 589-602.

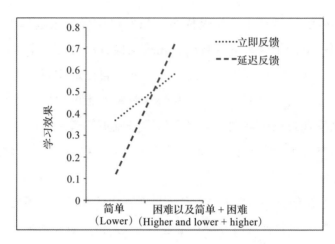

图 3-3 立即反馈和延迟反馈

表 3-1 不同反馈方式的效应量

变量	分类	加权平均效应量
反馈类型	直接提供答案	0.05
	矫正性反馈	0.33
	解释性反馈	0.49

先看第一行的"直接提供答案",也就是仅仅告知正确答案而不做任何解释。这种方法类似于考试结束后,老师给学生们发下正确答案,但并不针对任何人、任何题目做出解释。学生们自己去对照正确答案,然后修正自己的错误。我们从上表最后一列的数据可以看到,这种反馈方式对学习的增益非常低,加权平均效应量仅有 0.05,说明其效果低到可以忽略不计。这很可能是因为很多人根本不会去参考正确答案,更不要提主动发现错在哪里以及如何修正了。只有非常少的优秀学

生，会主动利用正确答案仔细修正自己的错误。这种反馈方法在教育中很常见，迫于时间压力或其他原因，教师只是将课后作业或小测试的正确答案直接发给学生，既不帮助学生判断对错，也不解释为什么对、为什么错。这种方法是最低效的，教育者应该尽可能避免使用。

效果其次的是，告诉学生答案正确与否的矫正性反馈，即上表第 2 行。这种方法很常见，比如教师批改作业和考卷，让学生明确知道哪里做错了。这种方法的加权平均效应量比前一种高了很多，达到了 0.33。学生们通常对自己已经做对的题目不予理会，但看到错误的标记后，大多数人都会主动去寻找错误的根源并将其修正。这很好地促进了学习效果。

效果最好的是上表第三行的解释性反馈，即解释为什么答案是这样的。解释性反馈的加权平均效应量高达 0.49。这样看来，在考试之后，教师能够将所有学生犯错的题目逐一给出详细解答，尤其是针对个人的详细解答，是最好的。

令研究人员感到吃惊的一点是：**仅仅告知学生在学习完成后会收到反馈，就能显著提升学习效果**。虽然实际上他们还没有收到任何实质性的反馈，但这一宣告会使学生们采用更系统的学习策略。这种简单的提示会改善学生学习的动机和专注程度。通过采用更优质的学习策略，学生们能够在学习过程中提高动机，从而更好地获取和应用知识。

这一发现揭示了心理上的一个重要因素，即学生们对反馈的期望本身就具有积极的影响。即使反馈尚未实际给出，学生们知道自己将受到评估和指导的事实，就足以引导他们对学习秉持认真的态度。这种期望激发了他们对学习材料更深入的思考和探索，以确保他们准备好接收和应用即将到来的反馈。

这个发现也有重要的教育意义。教师可以通过明确告知学生他们将得到反馈，增强学生的学习动机和投入程度。这也凸显了反馈的重要性，无论是实际的反馈还是预期的反馈，都能够激发学生更深入地参与学习过程，并提升他们的学习效果。

说到反馈，就不得不提到，反馈很少是中性的。大多数时候，反馈要么是正面的，给人以肯定或认可；要么是负面的，给人以否定。正面反馈告诉我们做得正确，要继续保持；负面反馈则告诉我们有偏差和错误，需要纠正。两种反馈不仅机制不同，对不同年龄的人，效果也大相径庭。

负面反馈与大脑如何纠错

学习的初期，我们难免犯错。这可能是理解不充分，或来自内外的干扰带来分心所致。不论出现错误的原因是什么，错误的信息都会激活与之相关的神经元。这些神经元会因为同时被激活而相互连接，形成与学习材料或学习目标无关的神经通路。一旦错误的通路形成，当类似的线索再次出现时，它们就会被重复激活并不断加强。因此，早期发现错误并及时纠正，对学习至关重要。

然而指出错误并不是一件容易的事情。学习者本人需要有能力发现自己的错误，或者依赖能够发现错误的他人给予及时的反馈。

指出错误本身属于负面反馈。之所以称为负面反馈，是因为大多数人不愿意面对自己犯错的事实。因此，关于错误的反馈往往会伴随着负面情绪，不论是强烈的还是轻微的。然而，负面反馈是学习过程中必不可少的，没有人能够完全避免。

虽然有带来不良情绪的风险，但负面反馈，尤其是及时的负面反馈，对学习来说极其关键。负面反馈已经被证实可以启动大脑的纠错机制，帮助大脑摆脱由错误产生的"自动驾驶"模式。虽然纠正错误肯定要付出一定努力，比如集中注意力和耗费能量，但纠正错误在任何领域都无疑是非常必要的。

研究发现，大脑的纠错机制通常涉及三个大脑区域：前扣带回皮质、腹外侧前额叶皮质和背外侧前额叶皮质。[○]

前扣带回皮质位于边缘系统中。它被认为是情绪脑的重要组成部分，与情绪和奖励相关。以前的研究表明，前扣带回皮质在痛觉、情绪、认知和注意方面起着重要作用。与此同时，我们对前额叶皮质也非常熟悉，因为它是大脑的控制中心。这一脑区通常在大脑检测到信息冲突时被激活，特别是当在熟悉的环境中出现异常元素时。举个例子，如果我们每天都在同一个班级里学习，那么我们对班级里的人和环境都非常熟悉。因此，我们进入教室时，很少会对班级内的事物产生特别的关注。然而，突然有一天，一个新同学出现了，她静静地坐在教

　　○　MONCHI O, PETRIDES M, PETRE V, et al. Wisconsin card sorting revisited: distinct neural circuits participating in different stages of the task identified by event-related functional magnetic resonance imaging[J]. Journal of neuroscience, 2001, 21: 7733-7741.

室的最后一排最角落的位置，一动不动。在这种情况下，我们的大脑很可能会迅速注意到这个"新鲜"的信息，因为它与我们熟悉的环境信息形成了矛盾。新同学和我们熟悉的环境之间的矛盾信息引发了大脑的冲突"警报"。

这种情况下的信息冲突引发了前额叶皮质的活动，它在我们的决策和注意方面起着关键的作用。当我们面临新的、与我们已有知识和经验相冲突的情况时，我们的大脑会更加警觉。这种警觉性使我们能够更加专注地处理新信息，以便我们适应和理解具有矛盾的情况。这种冲突警报机制有助于我们调整注意力，关注重要的信息，并为我们在新环境中做出适应性的反应提供支持。

在学习过程中，当我们以为一道数学题的答案是 A，却被告知正确答案是 B 时，我们会感到惊讶并发出感叹："啊？原来是 B 啊！"在收到负面反馈的瞬间，我们的大脑并不会立即接受和采纳这个信息。它首先将这个信息视为冲突，而不是立刻确认谁对谁错。大脑需要进行更深入的加工和判断来确定具体的情况。通常情况下，为了节约能量，大脑会将熟悉的任务交给节省能量的"自动驾驶"模式来处理。然而，"自动驾驶"模式并不能应对不熟悉的情况或危险情况。当情况超出我们的预期时，大脑意识到必须付出额外的努力来解决问题。

当出现冲突时，前扣带回皮质会立即被激活。这是一种迅速的情绪反应机制，它将具体情况报告给前额叶皮质，然后由前额叶皮质进行详细的分析和判断。这种现象也被看作是一种负面强化，因为它启动了大脑的纠错机制。

前扣带回皮质发出冲突"警报"给前额叶皮质后，前额叶皮质会仔细"审时度势"，并做出最后裁决：指示其他脑区纠正错误，或者不予理会。再然后，"警报"解除。

为什么大脑明知有错，却并不一定会予以纠正呢？原因在于大脑始终关注着能量消耗是否能够得到足够的回报。在史前时期，食物资源匮乏，过度的能量消耗将使生存变得困难。因此，尽管大脑有时明白某个行为或决策是错误的，但在评估后认为纠正它得不偿失时，它会指示其他脑区选择忽视这个错误。

大脑在决策时倾向于追求效率和经济性。如果纠正错误需要消耗大量的认知资源和能量，而预期收益相对较小，大脑可能会选择忽略错误并继续进行当前的行为。这种选择是为了确保大脑的资源得到有效利用。

然而，需要明确的是，大脑并非总会选择忽视错误。如果错误的后果会对生存或重要目标产生严重影响，大脑就更倾向于纠正错误并采取适当的行动。此外，有时候人们也能通过自我反省和自我调节来主动纠正错误，即使这可能需要付出额外的认知努力。

了解大脑对错误的处理方式有助于我们理解为什么我们有时会持续犯错或难以纠正错误。这也提醒我们要意识到大脑的偏好，并在适当的情况下，通过增强自我反省和意识到可能的错误，促进学习和发展。

负面反馈的效果因年龄而异

相比其他动物，人类的大脑在出生时是发育得最不完整的。人类的大脑需要经历漫长的发育过程才能达到成熟状态。这个发育过程从出生后开始，持续到大约 18 岁，有些人甚至需要更长的时间。直到 25 岁，额叶皮质才完全发育成熟。

前额叶皮质是大脑的决策中心，负责高级认知功能和情绪调控。由于前额叶皮质在发育过程中较晚成熟，这使得儿童在面对负面反馈时的反应与成年人有所不同。儿童的前额叶皮质功能相对不完善，使他们可能对负面反馈的理解和处理能力较弱。他们更可能表现出情绪化的反应，容易受到负面反馈的打击或产生消极情绪。这也解释了为什么儿童在面对错误时可能更难以纠正和适应，而成年人通常更能接受和利用负面反馈来改善学习效果和行为。

随着大脑的发育，前额叶皮质逐渐成熟，儿童能逐渐学会更好地处理负面反馈，并在错误中成长。这个发育过程对于人类的学习和适应性非常重要，它让我们能够逐渐培养出更有效的纠错机制和适应能力，提升认知和决策能力。

神经科学的研究进一步证实了成年人与儿童在对负面反馈的敏感性和应对方式上的差异。这些差异可以解释为由大脑发育和神经回路的变化所致。

通过神经影像学技术，研究人员观察到当成年人和儿童收到负面反馈时，他们大脑中负责认知和情绪处理的区域会呈现不同的激活程度。具体来说，成年人在面对负面反馈时，往往表现出更强的神经激活，特别是前额叶皮质的激活程度更高。这可能意味着成年人对负面反馈更敏感，更能意识到错误和冲突，从而更愿意做出改变。[一]

相比之下，儿童的大脑在面对负面反馈时的神经激活程度较低。这可能与他们的前额叶皮质尚未完全发育成熟有关。

在对 268 名 8 至 25 岁参与者的调查中，研究人员观察到这样的现象：当收到负面反馈时，年龄差异带来了脑区激活程度的明显差异。学生们在收到负面反馈后，他们的纠错策略也存在显著差异。[二]越年轻的学生，遇到冲突时大脑的激活程度更低，放弃纠错的可能性更高。更多研究也在不断证实，成年人比儿童从负面反馈中学习到的更多。[三]

前额叶皮质会在青春期经历一个快速发育的阶段，这一时期个体的认知能力得到显著提高。因此，青春期后的年龄段中，人们更容易从负面反馈中学习和改变。

这些研究结果并不是要让老师或家长不给儿童任何负面反馈。我们必须知道，偏差或错误并不会自己凭空消失。这些研究是在提醒老师和家长，在给儿童负面反馈时，还需要再给予

⊖　van DUIJVENVOORDE A C, ZANOLIE K, ROMBOUTS S A, et al. Evaluating the negative or valuing the positive? Neural mechanisms supporting feedback-based learning across development [J]. Journal of neuroscience, 2008, 28(38): 9495-9503.

⊖　PETERS S, KOOLSCHIJN P C, CRONE E A, et al. Strategies influence neural activity for feedback learning across child and adolescent development [J]. Neuropsychologia, 2014, 62: 365-374.

⊜　FREEDBERG M V, GLASS B D, FILOTEO J V, et al. Comparing the effects of positive and negative feedback in information-integration category learning [J]. Memory & cognition, 2017, 45: 12-25.

更多的支持和帮助，才能使他们的错误得到纠正。千万不要指望仅仅是告诉他们错了，他们就会自主纠正错误。

尽管负面反馈可能会引起一些消极情绪，但它对于学习和成长至关重要。通过认识到自己的错误，并在错误中寻找改进的机会，我们能够不断进步。负面反馈可以帮助我们纠正错误，加深对正确信息的理解，并改善我们的学习策略。因此，尽管负面反馈可能不那么令人愉快，但它是学习过程中不可或缺的一部分，为我们提供了宝贵的机会来成长和提高。

了解大脑的冲突检测和纠错机制可以帮助我们更好地学习和适应新信息。这种冲突检测和纠错机制是我们学习和适应新信息的关键。通过意识到冲突并进行进一步的思考和分析，我们能够调整我们的认知和行为，以更准确地理解和应对新的情况。这种机制帮助我们改正错误的知识和理解，并带来更有效的学习和发展。

然而，我们需要注意的是，负面反馈并不总是容易接受的，因为它可能伴随着负面情绪和挫败感。在收到负面反馈时，我们可以将其视为一次机会，通过改进和提高来迈向成功的道路。

正面反馈与大脑的奖赏机制

当一位球员成功投中一记三分球时，教练挥舞着双臂，兴奋地跳了起来，欢欣雀跃地大声喊道："好样的！你真是太棒了！出色的投篮！继续保持！"

当篮球教练在场边大喊着给出正面反馈时，整个场上的氛围变得充满活力和激情。球员们感受到了教练的支持和认可，这激发了他们内心的动力和决心。教练的热情呐喊不仅仅是为了加强球员们对正确动作的记忆，更重要的是通过积极的正面反馈，激发球员们的情绪和动力。

球员们感到受到了重视和赞赏，这在他们内心点燃了一把火。他们的兴奋情绪迅速高涨，充满了自信和积极的能量。这种情绪的振奋使得球员们更加专注和投入，他们愿意付出更多努力来追求卓越的表现。

正面反馈对于学习和发展过程至关重要。当我们收到正面反馈时，我们的大脑会释放出多巴胺等神经递质，这些化学物质能够产生愉悦感和满足感，从而加强我们与特定行为或动作的联系。这对于教育和养育来说是一种非常有效的方式。

当我们收到正面反馈的时候，情绪脑中的纹状体会被激活。纹状体包括尾状核和壳核，这两个区域更多地被正面反馈而不是负面反馈激活。纹状体对于从奖励中学习起着关键作用。[⊖]

闻名遐迩的多巴胺是一种能让我们产生愉悦感的神经递质，当我们收到正面反馈时，纹状体区域的多巴胺含量就会增加。这让我们在收到正面反馈时产生愉悦感，于是我们更有动力去重复相同的动作，从而进一步强化与之相关的神经网络。研究同时证实，任务越困难，完成后得到正反馈时纹状体的激活程度就越高，愉悦感也就越强烈。经过九九八十一难才完成

⊖　DEPASQUE SWANSON S, TRICOMI E. Goals and task difficulty expectations modulate striatal responses to feedback [J]. Cognitive affect behavior neuroscience, 2014, 14: 610-620.

任务带来的愉悦感，肯定要比伸伸手就随便获得带来的满足感强烈得多。

相比之下，正面反馈往往容易被家长和教育者忽略，他们似乎更关注负面反馈。然而，正面反馈在学习中同样重要，因为它能够激活大脑的强化机制和奖励机制。这两种机制都能够鼓励我们重复正确的动作或继续做出相同的反应。

通过给予学生鼓励和赞扬，教育者可以增强他们与学习任务的积极联系。正面反馈可以是口头的称赞、肯定和认可，也可以是实质性的奖励。这种积极的反馈不仅能够提高学生的自信心和自尊心，还能够增强他们的学习动力和积极参与程度。

在一项针对多巴胺分泌量和反馈之间的关系的研究中，研究人员邀请了 15 个健康参与者。经过严格筛查，这些健康参与者都没有神经系统疾病或精神分裂症、药物或酒精滥用史，或正在接受任何可能影响表现的药物治疗。并且，研究人员要求参与者在实验前至少 12 小时内不吸烟、不喝含咖啡因的饮料，尽管研究人员并没有控制他们每天的平均咖啡因或尼古丁摄入量。经过各种量表的筛查，他们还被确认没有认知障碍或抑郁症。研究人员如此大费周章，是因为多巴胺分泌异常与上述行为和疾病都高度相关。因此，找到健康被试是确保实验数据可靠的关键。[⊖]

⊖　WILKINSON L, TAI Y F, LIN C S, et al. Probabilistic classification learning with corrective feedback is associated with in vivo striatal dopamine release in the ventral striatum, while learning without feedback is not [J]. Human brain mapping, 2014, 35(10): 5106-5115.

实验的内容是，这 15 人需要根据 4 张卡片来学习预测天气。每张卡片都与降雨概率相关，有的概率高，有的概率低。一部分参与者被要求在电脑屏幕上先观察 3 张卡片并进行天气预测。他们通过按钮做出回答后，屏幕上会显示出反馈：下雨或不下雨。反馈会和卡片同时显示 7 秒，然后消失。于是在多次尝试后，参与者渐渐掌握了降雨的规律。然后他们的预测准确率得到了改善。另一部分参与者也是在屏幕上观看 3 张卡片，但他们不需要给出预测。3 张卡片出现的同时，屏幕上就会显示出是否下雨。由于题目和答案同时出现，因此他们仅仅通过观察而不是收到反馈来学习。

研究结果显示，首先，收到反馈的参与者的右腹侧纹状体中的多巴胺水平明显高于无反馈组。而且，随着预测结果越来越准确，反馈也逐渐变得越来越正面，参与者大脑中的多巴胺含量也随之增高（如图 3-4 所示）。

在家庭环境中，父母也可以通过正面反馈来支持孩子的学习。表扬他们的努力、进步和成就，给予他们肯定和鼓励，会促使他们更加努力地学习和发展。同时，父母可以与孩子一起设定小目标，并在孩子实现这些目标时提供正面反馈，以激发孩子的学习动力和成就感。

前面我们提到，由于前额叶皮质的发育不够成熟，儿童在收到负面反馈后，纠错机制的激活程度低于成人，因此容易忽视负面反馈。但是有研究表明，儿童和成人对正面反馈的反应并无明显差异。这意味着，虽然前文我们提到过负面反馈对儿童效果不佳，但正面反馈对儿童和成人有着同样的效果。

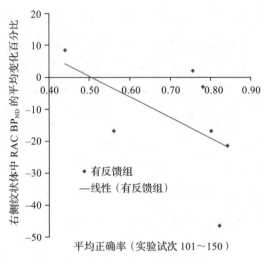

图 3-4　反馈对多巴胺含量的影响

注：RAC（¹¹C-raclopride）是一种多巴胺受体；BP_{ND} 可以看作是放射性示踪剂在特定区域内与受体结合的能力，通常用来比较受体密度在不同区域之间或者不同时间点的变化；百分比变化的定义方式是有反馈组相对于控制组的 RAC BP_{ND} 变化，RAC BP_{ND} 的百分比变化下降表明多巴胺受体释放的增加。

　　青少年在得到正面反馈和强化后，其腹侧纹状体和伏隔核表现出更高的活跃度。研究显示，这种活跃度在 16 岁时达到顶峰。[⊖]因此，正面反馈和奖励对于青春期学生来说尤为重要。

　　为了确保正面反馈的有效性，我们需要提供及时、准确和高质量的反馈。通过给予学生鼓励和赞扬，教育者可以增强他们与学习任务的积极联系。家长也可以通过正面反馈来支持孩

　　⊖　BJORK J M, KNUTSON B, FONG G W, et al. Incentive-elicited brain activation in adolescents: similarities and differences from young adults[J]. Journal of neuroscience, 2004, 24(8): 1793-1802.

子的学习，表扬他们的努力、进步和成就。

正面反馈在学习和发展中扮演着重要角色。它能够激发大脑的强化机制和奖励机制，增强我们与特定行为或动作的联系。无论是对儿童还是青少年而言，收到鼓励和赞扬对于提高学习动力和发展自信心都至关重要。因此，教育者和家长应该确保提供及时、准确和高质量的反馈，以帮助他们不断进步并发展出正确的神经回路，为他们的未来铺平道路。

但不幸的是，比起负面反馈，给予正面反馈更容易被家长和教育者忽略。这一点值得所有人警醒，我们需要保护学习者尤其是儿童和青少年的学习动机。

保护纠错的动机

我们的决定和行动，无论是来自原始脑还是理智脑，都受到了预测的指引。大脑会把不断重复的、没有新鲜感的事情尽量交给前额叶皮质以外的脑区处理，以节约能量和认知资源，来应对突发和紧急事件。当预测与观察结果出现差异时，大脑就会认为有"冲突"发生，于是负责高级功能的前额叶就会被激活，对冲突情境进行仔细分析。成本高、收益小，就忽视；成本低、收益高，就进行修正。

我们身处的环境千变万化，感觉信息像潮水一样不断涌入大脑，供大脑理解世界并对其做出恰当的反应。大脑对环境做出反应的依据，就是它对世界的预测。大脑接收到环境的信息，经过情绪脑和理智脑的共同决策，再通过运动皮质的神经元向身体肌肉发送信号，做出有目的的动作。比如我们得到了一个红彤彤的苹果，富含维生素和植物纤维，大脑会预测：吃下苹果对生存有利。于是我们的身体会执行吃的动作，这关乎我们能否生存下去。

有目的的动作，可以帮助大脑进一步获取环境的新信息。然后，大脑可以根据新信息不断调整和修正偏差。要如何理解"根据新信息调整和修正偏差"呢？假如我们刚刚咬了一口苹果，发现鲜红的表皮之下是已经腐坏的果肉和虫子咬过的痕迹，而且能闻到腐烂的气息，这时大脑就会立即进行动作修正：停止吃，并且引发厌恶情绪以调动呕吐这个动作，把误食的腐坏物排出身体。

在学习中，我们试图纠正错误时，情绪和动机也起着至关重要的作用。错误往往会导致挫败感和失去信心，这可能会对我们的纠错动力和意愿产生负面影响。

挫败感，是指当我们在学习或尝试新技能时遭遇失败或困难时所感受到的情绪。当我们频繁地遇到失败或感觉无法克服困难时，我们可能会产生挫败感，这会削弱我们继续努力的动力和意愿。我们可能会变得沮丧、消极或失去对目标的兴趣。

类似地，失去信心也会对我们的学习和发展产生负面影响。当我们在努力改正错误或克服困难时，如果频繁经历失败或遇到挫折，我们可能会失去对自己的信心。失去信心会使我们怀疑自己的能力，并且可能降低我们继续尝试的意愿。

因此，当我们纠正错误时，情绪和动机的管理至关重要。我们需要学会应对挫败感，将其视为学习的一部分，而不是失败的标志。这需要我们学会培养积极的心态，鼓励自我反思和成长，寻找解决问题的新途径。此外，建立和保持自信心也很重要。我们可以通过记住自己的成功经历、寻求他人的支持和鼓励以及制订合理而具有挑战性的目标来增强自信心。

教育者和家长在这个过程中扮演着重要角色。他们可以提供支持和指导，帮助我们应对挫折和失去信心的情况。他们可以鼓励我们坚持努力，为我们提供适当的正面反馈和帮助我们建立自信心。

正面反馈有助于塑造积极的学习氛围和增强自信心。当我们得到鼓励和认可时，我们会感到被重视和肯定，这会进一步激发我们的学习动力和兴趣。正面反馈可以提高我们对自身能力的认知，增强自尊心，并促使我们更加努力地追求成功。

正面反馈还有助于建立积极的师生或亲子关系。通过给予赞赏和认可，教育者和家长可以建立起支持和信任的纽带，使学习环境更加温馨和融洽。孩子们会感受到他们的努力和成就被重视，从而更愿意接受指导和尝试新的学习经历。

在教育和培训领域，正面反馈也是一种有效的教学策略。它可以用于引导学生的行为，鼓励他们在学习过程中做出正确的决策和努力。通过提供及时和具体的正面反馈，教育者可以帮助学生明确目标，并激发他们的学习热情和自主性。

需要强调的是，正面反馈并不意味着忽视错误或纠正的需要。我们应该将正面和负面反馈结合起来，以促进学生全面的学习和发展。正面反馈可以提供积极的激励，而负面反馈则提供了改进和修正的机会。综合运用这两种反馈，可以帮助学生在学习中取得更好的成果和进步。

　　综上所述，情绪和动机在纠正错误时起着重要作用。产生挫败感和失去信心可能会影响我们的学习动力和意愿。因此，我们需要学会管理情绪，培养积极的心态，并建立自信心。教育者和家长的支持也是至关重要的，他们可以帮助我们应对挫折，提供指导和正面反馈，鼓励我们坚持并继续努力。

本章小结：发现错误与纠正错误同样重要

　　仅仅激活神经元不足以有好的学习效果，还需要激活与学习目标相关的神经元。如果我们在学习过程中激活了与学习目标不那么相关的神经元，就可能出现错误。这可能是因为我们的注意力分散导致了对关键信息的忽视，或者仅仅是因为记忆出现了错误，导致了对学习内容的误解。这些错误的出现可能会使我们偏离实际的学习目标，因此及时发现并纠正这些错误是至关重要的。

　　及时发现错误的重要性在于，当我们能够在错误得到强化之前就发现它们时，纠正的过程会更加轻松和高效。通过及时纠正错误，我们能够阻止错误观念或行为在我们的学习中得到不断巩固。相比之下，如果错误被发现得较晚，我们就需要付出更大的努力来改变并修正之前的与学习目标不那么相关的神经通路，这需要消耗更多的能量和精力。有时，甚至比学习新知识更加不容易。

　　提取练习是一种有效的学习策略，它可以帮助我们及时发现学习中的漏洞与错误。它涉及主动从记忆中提取学习材料，以测试自己的记忆和理解水平。通过这种方式，我们能够评估自己对特定概念或知识点的掌握程度，并发现自己可能存在的错误理解。通过提取练习，我们能够在错误得到强化之前就及时发现并加以纠正，从而避免在学习中延续错误。

一个关键的纠正错误的方法是运用反馈机制。当我们收到及时且准确的反馈时，我们可以了解自己的错误在哪里、为什么错了，以及如何纠正。这种反馈可以来自教师、同学、学习伙伴或者我们的自我评估。无论是正面的鼓励还是具体的指导，反馈都能够帮助我们识别错误，并为我们提供纠正错误的方向和策略。通过接受反馈并将其积极应用于学习中，我们能够更快地纠正错误并提高学习效果。

虽然学习中的错误不可避免，但我们可以通过提取练习和接收反馈来及时发现和纠正这些错误。通过这些方法，我们能够避免错误的强化并促进自己的学习进步。在学习过程中，我们应该保持警觉，及时纠正错误，以提高我们的学习效果并取得成就。

寻找动力的源泉

　　我刚上初中的时候成绩特别不好。好吧，其实我整个初中期间成绩都很不好。我至今还清晰记得初中一年级第一次期中考试结束后，老师公布成绩的情景。

　　公布成绩的科目是英语，英语老师刚好是当时的班主任，所以大家都分外在乎这门课的成绩。班主任发放试卷时很有技巧，她希望班里每一位同学都能清楚自己的成绩在班里的排名。她的方法简单有效：通过叫名字让同学们逐一到讲台上去领取自己的试卷，在叫到同学名字的同时还会大声念出得分。这种公布成绩的规则是从最高分开始，然后依次排序降低到最低分。

　　那天，英语老师不紧不慢地叫着同学们的名字。满分的同学首先登场，而且不止一位。当他们自豪地接过老师递来的考卷时，都无一例外地获得了全班的热烈掌声。我心里清楚自己不会是满分。因为有的题目我根本没有做出来，所以我也并不期待。眼看着同学们一个一个从老师那里领了试卷，分数也渐渐从满分降低到了 95 分。我观察到班里一多半的同学都拿到了自己的试卷，我开始慌张起来，心跳加快，腿发抖，手心里也沁出了汗。

我开始怀疑，老师是不是把我的试卷放错了位置，考前我对自己英语学习能力的评价可是上等水平。这个怀疑的答案很快就被揭晓了。当所有其他同学都领完了自己的试卷后，最低分停在了 85 分。我的心脏已经提到了嗓子眼，狂跳不止，我暗想："我该不会连 85 分都没有吧？这绝对不可能啊！"

终于，我的名字被老师叫到了，同时被老师大声念出来的还有我的英语成绩：59 分。时间仿佛被强烈的羞耻感黏住了，我整个身体都僵在了自己的座位上。在经历了短暂的寂静后，全班爆发出哄堂大笑，我的那些好兄弟们还异口同声地喊道："原来是不及格啊！"

之后的期末考试以及整个初中期间，我的英语都很不好，经常不及格。于是我告诉自己，我不擅长学英语，应该把时间多花在其他我更擅长的科目上。结果我彻底放弃了英语。但很快我就意识到，自己不是不擅长英语，而是根本就不擅长学习，最终我在学习这件事情上彻底失去了动力。

初中毕业时，我已经对考大学这件事彻底死了心。于是我和好友李军舰一起去考当地的技校，期望三年后能成为手表厂的工人。但很不幸，技校也没有考上。实在没有出路的情况下，我迫不得已才上了高中。但是初三暑假发生了一件事，让我得到救赎，激发了我的学习动力，这才有了后来的我。

我的经历并非鲜例，学习动力深刻影响着我们的成绩，这一点毋庸置疑。

很多研究都表明，学习动力与人们的学习成就之间存在着密切的关联。研究者发现，学习动力高的学生更有可能取得更高的成绩，并在学术上取得成功。学习动力与学生的自主性和自我调节能力也密切相关。拥有学习动力不体现为单纯地追求好成绩，而体现为追求更加全面的学习能力和自主学习的态度。

人类学习是一个复杂而又令人着迷的过程，我们通过不断获取新知识、发展技能和适应环境来提高自己。这种学习的动力从根本上源自我们的大脑，而且幸运的是，学习动力的运作方式正被脑科学揭示出来。

动力源于何处

心理学研究揭示了学习动力与内在动机之间的关系。内在动机是指个体内心深处的自我驱动力，而学习动力则是一种内在动机的表现。研究表明，内在动机可以提高学习的持久性和质量。当我们对学习感兴趣并能体验到乐趣时，我们更有可能投入更多的时间和精力去学习，并且在学习过程中收获更好的表现。

那么，动力又是源于何处呢？科学研究已经证实，学习的动力与大脑内部的奖赏系统密切相关。

这个奖赏系统由多种神经递质和多个神经回路组成，其中包括多巴胺的释放。当我们通过学习获得新的知识或达到某个目标时，大脑会释放多巴胺，给予我们一种愉悦感和满足感，从而激励我们继续学习。这种奖励反馈加强了与学习相关的神经回路的连接，能促进信息的加工和存储，提高学习效果。

大脑奖赏系统不仅在认知学习中起作用，还在行为学习和情绪调节中发挥重要作用。通过试错和反馈，奖赏系统对有益行为进行评估和强化。**积极的结果或奖励会增强有益行为的记忆和再次出现的可能性，形成和巩固学习过程中的有益行为。**情绪在学习中起到重要作用，奖赏系统通过调节情绪，为学习创造积极的心理状态和体验，提升学习的动力和效果。

人类天生对新鲜事物和知识具有好奇心和求知欲。大脑的前额叶皮质和杏仁核等区域参与了引发我们对知识的渴望和探索的动力。当我们遇到认知挑战时，这些区域会受到激活，引发兴奋和动力，促使我们主动去寻求新的学习机会。

前额叶皮质是大脑的高级认知控制中心，涉及决策制订、目标设定和注意力控制等过程。这一区域在学习中起到重要作用，尤其是在面对认知挑战时。当我们面临新的知识或复杂的任务时，前额叶皮质会被激活，以帮助我们集中注意力、分析问题和制订学习策略。这种激活引发了一种兴奋和动力，驱使我们主动去寻求新的学习机会并解决认知上的难题。

杏仁核是大脑中与情绪处理和记忆编码密切相关的结构之一。它在学习的过程中起到调节情绪和激励的作用。当我们遇到新的知识或刺激时，杏仁核会参与评估其潜在的重要性和价值。如果信息或学习机会被认为具有情绪上的积极意义，杏仁核会释放多巴胺，产生兴奋和愉悦感。这种情绪激励会激发我们的动力，使我们更有动力去探索和学习。

前额叶皮质和杏仁核的相互作用与学习新知识带来的愉悦感有关。当我们获得新的知识或理解某个概念时，前额叶皮质参与对这种认知成就的评估和控制。同时，杏仁核的活动与学习过程中获得的奖励有关，例如获得认可、满足好奇心或实现个人目标。这些奖励性的因素进一步激发我们的学习动力，使我们更有动力去追求更多的知识和理解。

注意和工作记忆是学习的基本认知过程。注意使我们能够集中精力，选择和筛选信息，从而更好地学习和理解信息。大脑的前额叶皮质和脑干等区域参与了注意力的控制和调节。工作记忆则是暂时存储和处理信息的过程，对学习和问题解决至关重要。前额叶皮质、杏仁核和海马等区域在工作记忆的加工和维持中发挥重要作用。通过训练来提高注意力和工作记忆能力，可以增强学习动力和学习效果。

不难想象的是，兴趣和情感的参与对学习动力至关重要。

当我们对某个主题或领域感兴趣时，大脑中的相关区域会被激活，释放多巴胺，增加学习的动力。兴趣可以提高我们的专注力和持久性，使学习变得更加有趣和令人愉悦。此外，情感的参与也对学习有重要影响。积极的情感体验和情感联结可以增强学习过程中的记忆编码和提取，帮助我们更好地掌握和应用所学的知识。

最后，人类学习的动力还源自我们对自我实现和目标的追求。

　　大脑的前额叶皮质和边缘系统参与了我们对自我价值和目标的认知与评估。当我们设定了明确的学习目标并取得进展时，大脑会释放多巴胺，增强我们的动力和动机，使我们更加专注于学习并努力实现自己的目标。

　　人类的前额叶皮质在自我认知和目标导向方面发挥着关键作用。前额叶皮质会参与对目标的制订、规划和执行。这种参与激活了前额叶皮质内的神经回路，促使我们更加专注于学习任务，提高自我控制和执行力。同时，当我们取得学习进展或实现目标时，多巴胺的释放会增强前额叶皮质的活动，产生积极的情绪体验，进一步激发学习动力。

　　边缘系统包括杏仁核、海马和脑岛等区域，在目标价值评估和情绪处理中起着重要作用。当我们设定学习目标时，这些区域参与对目标的重要性和潜在回报的评估。如果学习目标被认为具有积极的价值和意义，边缘系统会释放多巴胺，引发积极的情绪体验，从而增强学习动力。此外，边缘系统还与记忆编码和情绪调节相关，有助于将学习过程中的情绪体验与相关的信息关联起来，促进记忆的保持。

　　大脑的后扣带回皮质在自我反思和学习动力方面起到关键作用。后扣带回皮质参与了对内部自我状态的监控和调节，包括情绪、动机和目标导向。通过自我反思，我们能够评估自己的学习进展和动机水平，从而调整学习策略和行为。后扣带回皮质与前额叶皮质之间的相互作用有助于调节学习动力，使我们能够持久地保持学习的动机和努力。

期望值会影响学习结果吗

　　我从初中一年级开始，学习成绩就一直很不好。第一次英语考试和第二次英语考试，我都不及格。于是，我安慰自己：也许我并不适合学英语，我应该把时间花在其他地方。再于是，我很快就发现，我可能根本不适合学习任何科目。

　　每次考试结束，我都可能受到老师的轻视。最糟糕的体验还不是来自老师，而是来自父亲。他对我异常严厉，成绩的高低决定了他对我的态度。期中和期末考试后，所有学生的各科成绩都会印刷在一张表格上，无论是成绩还是排名，都一目了然，方便家长了解自己的孩子有多么优秀，以及多么糟糕。家长会是班主任向全部家长发放这张表格的重要时机。每到家长会前夕，我都格外盼望着父亲能去外地出差。这样他就能完美错过家长会，我也可以逃过一次严厉的训斥。在我的记忆里，成绩不好是我父亲很少跟我说话的最大原因。每次看见我，他的脸都是铁青的。我只想躲着他，越远越好。父亲有时候会在饭桌上忍不住用反话激励我，他把这称为"激将法"。他那时候常说："你既然学习不好，初中毕业就干脆不要上高中了，去开出租车或者干点儿什么其他体力工作。"

　　虽然那个时候我也知道，父亲应该只是恨铁不成钢，用这种方式其实是想刺激我产生学习动力。然而这种说法被多次重复后，居然在我的心里生了根发了芽。从神经可塑性的角度我们就知道，同样的信息经过多次重复后，与信息相关的神经元会被同时激活并自动连接在一起；反复激活同一组神经元，会使神经通路得到不断巩固和强化，从而更容易被一起激活。

多年以后，我阅读了大量的脑科学和认知科学的文献后，才深刻理解：心理期望值对一个人的行为和成绩有着深远的影响。初中开始的几次考试严重打击了我对学习的信心，而老师和家长的负面反馈则不断强化了我在学习方面的动力不足。这种反复的贬低和强化，使我很容易找到自己学习不好的所谓"合理"解释，从而得出结论：我压根儿就不是一块学习的料！因此，我开始逐渐放弃努力，任由自己失去学习动力，不把学习这件事放在心上。

随着心理期望值的逐渐降低，我对学习的内在动力也逐渐消失殆尽。在课堂上，我的注意力开始越来越容易分散，无论老师讲授什么内容，我都再也无法专心听进去。在我走神的时候，脑海中不可避免地会开始产生与自己成为一名出租车司机相关的幻想。这种想象，似乎成了我逃避学习的一种有效方式，让我更容易熬过永无尽头的一堂又一堂课程。最终，我再也无法忍受这样的境况，满怀愤怒地告诉父亲：不，我决不会当一名出租车司机！因为，我要成为一名穿着整洁白衬衫的餐厅服务员。

多年以后，当我回顾过往时才明白，心理期望值对于塑造我们的行为和结果有着巨大的影响。初中时期的打击与否定，以及家长和老师的言辞，深深地根植于我的内心。这无形中强化了我对自己学习能力的否定，并将我推向了放弃学习的边缘。上课和做作业变成了一种应付任务，仿佛是生活中难以承受的负担。在这种情况下，如何期望成绩会有所改善呢？

　　虽然内在学习动力是一个复杂而广泛的话题，受到许多相互关联的因素的影响，但脑科学和我个人的亲身经历都证实了一个观点：期望值与学习成绩存在正相关。○

　　这种关系不仅适用于各个学科，还适用于不同年龄阶段的学习。

　　我们必须承认：反馈会对我们的期望值产生影响。一项元分析研究涵盖了 78 项研究，检验了负面反馈对儿童和成人内在学习动机的影响。结果显示，与中性反馈或无反馈相比，负面反馈对内在动机没有影响。但是，如果与积极反馈相比，负面反馈确实会降低内在动机水平。○

　　在儿童犯错时，相较于严厉的批评，教会他们正确的方法，并在他们做正确时给予肯定和奖励，更容易纠正错误。而且，奖励越大，效果通常越明显。相反，无论惩罚的力度大还是小，给予儿童惩罚都无法改变错误。因此，积极的反馈和奖励对于促进儿童的学习和行为改善能起到积极的作用。○

　　研究已经明确表明，当我们在学习中获得积极的反馈时，我们会感到身心愉悦。这种身心愉悦感会激发我们对未来表现的期待，也就是我们对下一次执行相似或相同任务的期望值会

○ PINTRICH P R, DE GROOT E V. Motivational and self-regulated learning components of classroom academic performance [J]. Journal of educational psychology, 1990, 82(1): 33-40.
○ FONG C J, PATALL E A, VASQUEZ A C, et al. A meta-analysis of negative feedback on intrinsic motivation [J]. Educational psychology review, 2019, 31(1): 121-162.
○ KUBANEK J, SNYDER L H, ABRAMS R A. Reward and punishment act as distinct factors in guiding behavior [J]. Cognition, 2015, 139: 154-167.

增加，从而提高我们的学习动力。[⊖]

这个过程与大脑中的奖赏系统密切相关。当我们取得进步或获得成功时，大脑会释放多巴胺。多巴胺的释放激发了积极情绪和动力，鼓励我们继续追求更好的结果。因此，**正面反馈和积极的学习经历可以创建一个良性循环，通过提高期望值和动力，促进学习的持续进步。**

除了内部的奖赏系统，外部的激励和支持也对学习动力起着重要作用。因为学习的另外一个强大动力，来自社会认同。

当我们能够获得他人的认同和赞赏时，大脑中的奖赏回路会释放多巴胺，增强学习的动力。社会比较和自我认同可以激发我们与他人竞争、努力提高自己的表现。同时，社会支持和积极的学习环境能够调节学习动力，提供合作学习和社会比较的机会，激发学习的热情。

通过学习，我们可以获得他人的认同和赞赏，这会激活大脑中的奖赏系统。当我们展示出优异的表现并受到他人的赞赏时，奖赏相关区域会释放多巴胺，产生积极的情绪体验，增强我们的学习动力。例如，小明想象自己在学校里表现出色，老师和同学们都对他的成绩给予赞扬和鼓励，这种情景让他充满了动力去学习和取得进步。

期望值高，我们会要求自己持续努力，以获得更好的表现；期望值低，我们就会减少努力，因为我们对最后的表现没有期待。

⊖　WISE R A. Dopamine, learning and motivation [J]. Nature reviews neuroscience, 2004, 5: 483-494.

动力改变了成绩，还是成绩改变了动力

心理学家认为动力和学习成绩之间存在着双向关系，即动力和学习成绩互相影响。

一方面，从动力对学习成绩的影响来看，当我们对学习任务抱有高期望时，奖赏系统中的多巴胺水平会增加。这种多巴胺的释放会产生积极的情绪和愉悦感，从而提高我们对学习任务的投入，让我们能持续努力。这种积极的动力驱使我们更好地面对学习中的挑战和困难，进而提高学习成绩。

另一方面，学习成绩对动力水平也有影响。当我们在学习中取得进步和成功时，大脑会释放多巴胺，这种正面反馈会增强我们对自己能力的信心，进而提高学习动力。成功的学习经历激发我们的内在动力，使我们更有动力去面对新的学习挑战，进一步提高学习成绩。相反，如果学习成绩不理想或经历失败，多巴胺水平可能减少，这可能导致动力下降，影响学习表现。

因此，动力和学习成绩之间的关系是相互的，双方互相影响，共同塑造着学习过程和结果。

这一认知科学的视角有助于我们更好地理解动力和学习成绩之间的复杂关系，也提醒我们在教育和培养学生时需要综合考虑多个因素。为了提升学习动力和成绩，教育者和家长可以通过给予积极的反馈、设定切实可行的目标、提供适当的挑战和支持等方式，来激发学生的动力，这些做法还可以同时培养学生积极的学习态度和自信心。

　　科学上证明了学习成绩与动力之间的双向关系后，在很长一段时间里，心理学家们都在激烈地争论：究竟是动力带来了更好的成绩，还是好成绩带来了更多的动力？这听上去有点儿像先有蛋还是先有鸡的问题。

　　2016 年，研究人员对 1478 个加拿大 1 至 4 年级（7～10岁）学龄儿童进行了研究，旨在探究他们的内在学习动力与数学成绩之间的关系。研究采用了孩子们自我报告学习动力的方式，并通过直接测试评估了他们的数学成绩。[○]

　　该研究的结果指出了一种明确的单向关联：先前的成绩高低与随后的学习动力之间存在明确关联。

　　具体而言，取得更高的数学成绩会带来更高的学习数学的内在动力。我们可以将这种关联解释为一种自我强化的循环。当学生取得好的数学成绩时，他们会获得正面的反馈和奖励，这会增强他们对自己能力和付出努力会有收获的信心。这种自我强化的过程会增加他们对学习数学的内在动力，因为他们意识到自己的努力和能力可以带来成功。这种正向的认知反馈将进一步激发学生的学习动力，促使他们更加投入地学习并追求更好的成绩。

　　神经科学研究揭示了大脑中的奖赏系统在动力产生中的重要作用。当我们对学习任务抱有高期望时，奖赏系统中的多巴胺水平会增加。当我们取得学习成就时，多巴胺的释放会增强我们对

　　○　GARON-CARRIER G, BOIVIN M, GUAY F, et al. Intrinsic motivation and achievement in mathematics in elementary school: a longitudinal investigation of their association [J]. Child development, 2016, 87(1): 165-175.

学习任务的投入，并让我们能持续努力，促使我们更好地应对挑战和困难，从而提高学习成绩。相反，如果学习成绩不理想或经历失败，多巴胺水平可能减少，这可能导致动力下降。

这项研究给我们的启示是：成绩越好，动力就越足。但反之则并不一定。也就是说，动力足并不一定能带来更好的成绩。其实这样的关系并不难理解，如果一个人对某一个科目很感兴趣，但他总是失败并且得不到认可，动力就会逐渐消失。

认知科学家通过研究已经证实，好成绩会带来积极的反馈，而积极的反馈会增加学习者的愉悦感，这又会提高学习者对未来表现的期望值。期望值的提升会增强学习者的动力，这种动力又有可能进一步促使他们取得更好的成绩。

因此，无论学生目前的成绩如何，只要我们能够多给予赞美和认可，逐渐改变他们的期望值，那么成绩就有可能改善。此外，正面反馈对于儿童和青少年尤为重要，因为他们对负面反馈的反应相对较弱，正面反馈则更能激励他们。

根据上述研究结论，我们已经知道，建立积极的学习期望值对于激发学习动力至关重要。通过给予正面的反馈和奖励，寻求外部的激励和支持，我们可以培养积极的学习心态，并更有可能取得良好的学习成绩。关键是要相信自己的潜力，坚信通过持之以恒的努力，我们能够不断进步并实现自己的目标。

警惕智商陷阱

包括我自己在内，很多人都会有意无意地格外钟情于“聪明"的学生。我们常常称赞一个学生"真聪明",由衷地赞扬某个学生的"脑筋好"。更重要的是,我们普遍认为聪明的学生不仅在成绩上更出色,而且在未来也会取得更加辉煌的成就。

这绝不仅仅是大众的普遍直觉,甚至科学家也曾深信聪明的学生更有机会拥有光明的未来。为了验证这一假设,科学家需要进行实证研究。在科学验证的过程中,首先需要能够界定并衡量聪明程度和成就。尽管由于文化差异,不同地区对于成功的标准的理解可能存在一定差异,但仍然可以找到一些共同点。那么,如何衡量一个人是否聪明呢?

科学家需要先对聪明进行定义,特别是对可测量的聪明进行定义。于是智商(intelligence quotient,IQ)的概念应运而生,用来衡量一个人在逻辑和语言方面的潜能。智商的其中一种计算方式是将个体的智力年龄与实际年龄的比值乘以100。举个例子,如果一个8岁的孩子在测试中能够解决大多数10岁孩子可以解决的问题,那么他的智商就是10除以8再乘以100,即125。

智力的衡量方式之一是智力测验。智力测验可以评估个体的认知能力和解决问题的能力。这些测验可以通过衡量诸如逻辑推理、工作记忆、语言理解和空间思维等方面的能力,来评估一个人的智力水平。

在智商概念被引入后,人们普遍认为智商在一生中是稳定的,某个时间点的智商得分可以用来预测未来的教育成就和职

业前景。[○]

美国最具影响力的心理学家之一、斯坦福大学心理学教授刘易斯·麦迪逊·推孟（Lewis Madison Terman）是智力测量的支持者，智力测验登陆美国后，推孟对其进行了标准化改进。有人称他为智力测验的发明者，这也不为过，至少在美国是。作为智力测量领域的领导者之一，推孟改进了比奈－西蒙智力量表，使之符合于美国的文化。在斯坦福大学同事的帮助下，他还推动了学校成就测试，也就是目前被美国广泛采用的斯坦福成就测验（Stanford achievement test，SAT）。

推孟也是天才儿童纵向研究的先驱。1921年，推孟开始了一个大胆的研究计划，他想证明聪明的孩子具有更好的成绩和更好的职业发展前景。[○]因此，这项研究旨在观察天才儿童和智力一般儿童之间的个体差异。推孟的研究样本包括大约25万名加州公立学校的中小学生，其中大多数学生来自靠近斯坦福大学所在的旧金山湾区。推孟和他的团队请学校的老师首先在学生中识别天才儿童。这些被识别出来的学生一起参加智力测验。智力测验的成绩排序后，那些分数达到前10%的学生再参加斯坦福的智力测验。最终，算出来智商在140及以上（同龄人智商平均100）的学生成了长期追踪研究的对象。他们收集了大约1500名天才儿童样本，这些儿童的父母大多

○ MCCALL R B. Childhood IQ's as predictors of adult educational and occu-pational status[J]. Science, 1977, 197(4302): 482-483.

○ TERMAN L M. Genetic studies of genius, mental and physical charac-teristics of a millennium gifted children[M]. Stanford: Stanford University Press, 1925.

数是白人、中产阶级，教育水平高于普通人群。

智商 140 是个什么概念呢？一般来说，绝大多数人的智商都介于 90 到 120 之间，科学家的智商被认为是在 130 到 150 之间，也就是说，这些天才儿童都具备了科学家的智力水准。

畅销书《异类：不一样的成功启示录》是斯坦福商学院一门课程的阅读材料，作者马尔科姆·格拉德威尔（Malcolm Gladwell）在书中描述到：推孟教授像母鸡看护小鸡一样，时刻关注这些天才儿童，看着这些孩子走进大学，再走进社会，然后有了家庭和他们自己的孩子。

数十年时间过去，推孟当初的假设是时候开启验证结果了。然而结果令推孟大感失望，这些孩子并没有想象中突出。虽然有少数功成名就，但大部分是中产阶级，而且还有些失败者。事实上，如果把他们和随机选择出的 1500 人来做成就对比的话，从数据上根本看不出这是一组天才儿童。

讽刺的是，当初的 25 万筛选对象里，实际上有两人后来获得了诺贝尔奖。但由于当时他们的智商不够高，并未入选天才儿童计划。

此后，越来越多的研究都揭示出，智商只要达到正常人的水平，就不再是卓越人生成就的决定性因素。也就是说，智商的高低并不能决定一个人是否能够成功。

神经科学的研究已经不断证实大脑具有可塑性。自加拿大神经科学家唐纳德·赫布发现老鼠在学习后，大脑结构会发生变化以来，已经有数以千计的研究证明，通过后天学习，大脑的结构可以发生改变。令人鼓舞的是，这种可塑性不仅存在于人生早期，甚至在人生的晚年也同样存在。

智商这一概念的出现让人们误以为，个体在学生时期测得的智商水平将一生保持不变。然而，考虑到大脑的可塑性，我们可以质疑智商是否真的无法改变。

于是，大量的研究出现，证明了智商并非固定不变，而是可以在一定程度上受到影响和提升。通过刻意的学习、挑战和经验积累，大脑可以建立新的神经连接和神经回路，并进一步优化其功能。这意味着，我们可以通过不断学习和努力提高自己的智力水平。

2011 年，《自然》杂志就发表了智商可以改变的研究报告。由于青少年的大脑还在发育，随着时间的推移，以及学习行为的发生，青少年的大脑结构也会发生变化。这项研究旨在探讨青少年的智商变化是否与大脑结构的变化相关。研究人员邀请了 33 名健康的、神经系统正常的青少年参与研究。这些青少年于 2004 年首次接受了智商测试，当时他们的年龄是 12 至16 岁。3 年后，这些人再次接受了智商测试，当时他们已经长大到 15 至 19 岁。[○]

研究结果一目了然：3 年过去，只有大约 1/3 的人智商保持不变；1/3 的人智商下降；还有 1/3 的人智商显著上升。所以，在青少年时期，一个人在教育成就等相关技能方面的优势和劣势仍处在剧烈变动中。

○ RAMSDEN S, RICHARDSON F M, JOSSE G, et al. Verbal and non-verbal intelligence changes in the teenage brain[J]. Nature, 2011, 479(7371): 113-116.

自 1920 年以来，科学家认为人类至少拥有两种智力：流体智力和晶体智力。流体智力涉及推理、发现关系、抽象思维和解决当前问题时保持信息的能力。一般来说，流体智力主要由基因决定，相对稳定且难以改变。晶体智力则与之不同，它是通过学习并积累知识而获得的，包括从过去的学习和经验中提炼出的程序或心智模型。这两种智力共同作用，使我们能够学习、推理和解决问题。⊖

既然晶体智力是通过后天学习获得的，那么智商就更有可能被改变。举个例子，以中国为例，人们每年平均阅读 3～4 本书。假设一个智商水平达到平均水平的人从某一年开始每年阅读 20 本书，他所学习到的知识将远远超过同龄人。因此，他的晶体智力可能高于平均水平，从而提高总体智商。

当然，智商的提升并不仅仅依赖于阅读数量。更重要的是，如何进行深入的学习、理解和运用所获得的知识。积极参与各种学习活动、培养好奇心、掌握学习技巧和采取有效的学习方法都能够促进智力的发展。

近年来，关于智商的研究趋向于传达一个重要观点：一个时期的智力水平并不能预示一个人的长期潜力。因此，我们应该更加关注与学习相关的其他要素，而不是因为一时的智力评价而自我放弃，或者因为一时的聪明而轻视努力的重要性。

虽然智商在某种程度上与学业成就和职业成功有所关联，但情商、创造力、逆境应对能力以及个人的动机和环境等其他

⊖　THORNDIKE E L. Intelligence and its uses [J]. Harper's magazine, 1920, 140: 227-235.

因素同样重要。令人兴奋的是，研究已经表明，认为智力可以改变的学生，成绩更有可能变得更好。

一项对青少年学生进行的研究显示，那些持智力发展观的学生更有可能在接下来的两年里提升成绩，而那些把智力看作一成不变的实体的学生更可能保持平稳的学习成绩。[⊖]

在同一份报告中，这项研究的研究者还对低成就的青少年实施了干预。研究者教授这些学生关于大脑结构和功能的知识，让学生了解如何通过产生新的神经连接改变他们的大脑，并且明确告知学生，他们自己能控制这一过程。这项干预策略提升了参与学生的学习动力。与此同时，没有接受干预的控制组成绩持续下滑，而干预组学生的成绩持续上升。

虽然智商在一定程度上反映了个体的认知能力，但它并非一成不变。我们应该认识到智商可以通过后天的努力和积极的学习来改善和提升。这一认知将有助于我们培养积极的学习态度，相信自己的潜力，并在不同阶段持续追求学习和成长。

思维模式会影响学习结果吗

思维模式是指我们对世界和自身的心理方式和态度，它会影响我们的认知、归因和行为方式。例如，有些人更倾向于看到世界的美好之处，而另一些人更容易注意到不完美之处。有

⊖ BLACKWELL L, TRZESNIEWSKI K, DWECK C. Implicit theories of intelligence predict achievement across an adolescent transition: a longitudinal study and an intervention[J]. Child development, 2007, 78(1): 246-263.

些人认为成功是因为运气好，而另一些人更相信努力是成功的原因。

在学习领域，我们可以观察到两种主要的思维模式：成长型思维和固定型思维。

成长型思维是指相信个人能力可以通过努力、学习和发展不断提升。持有成长型思维模式的人相信，才能和智力可以通过努力和持续学习来发展，他们将挫折看作学习和成长的机会。这种思维模式能激发内在动力，使人更愿意面对挑战并持续努力。成长型思维者坚信成绩的好坏与付出的努力程度密切相关，他们始终相信通过更多的努力可以取得更好的成绩。

相反，固定型思维指认为才能和智力是固定的、无法改变的。固定型思维模式者相信成功或失败取决于先天条件，他们认为努力对于提升能力没有太大影响。这种思维模式可能导致他们对挫折感到沮丧，并且可能不愿意尝试新的学习方法或面对更具挑战性的任务。固定型思维者认为学习成绩是注定的，与他们与生俱来的能力相关。最重要的是，他们认为努力无法改变结果。因此，固定型思维者更容易放弃纠正错误的机会，也更容易缺乏努力。他们缺乏对通过努力改变现状或提升成绩的信念。

斯坦福大学的卡罗尔·德韦克（Carol Dweck）博士和她的团队经过数十年的研究发现，**学习和职业成功取决于两个因素：认知能力和对自己的信心。**她提醒我们要注意一个重要

　　㊀　VANDEWALLE D. A growth and fixed mindset exposition of the value of conceptual clarity [J]. Industrial and organizational psychology: perspectives on science and practice, 2012, 5(3): 301-305.

的事实：**一个人的思维模式将决定他对失败的反应。**

固定型思维者倾向于将失败视为自己能力不足的证据。当他们犯错时，很容易感到气馁并放弃。相反，成长型思维者将失败看作是潜在的指导性反馈，他们更有可能从错误中吸取教训并不断进步。[○]

思维模式对大脑的影响不仅仅停留在情绪和压力层面，它还直接影响大脑的神经反应和认知过程。研究人员通过使用脑电图等神经科学技术，深入研究了思维模式对大脑活动的影响。

2014 年，哥伦比亚大学的研究人员邀请该大学的本科生参加了一项研究：通过脑电图观察大学生在执行任务时大脑的活动水平。这些本科生被随机分配到两组：第一组在执行任务之前先阅读智力可以改变的相关文章（这种文章被证实可以很好地诱导成长型思维模式）；另一组学生则阅读智力由基因决定的相关文章，以此来诱导出固定型思维模式。阅读完文章后，两组学生被要求执行同样的任务。在执行任务的同时，研究人员用脑电图记录了他们的大脑活动情况。结果清楚地表明，诱导出成长型思维模式的本科生的大脑激活程度明显增加了，他们的注意力更集中，执行任务更积极，因此任务执行结果更好。[○]

○ DWECK C S. Self-theories: Their role in motivation, personality, and development [M]. New York: Psychology Press, 1999.

○ SCHRODER H S, MORAN T P, DONNELLAN M B, et al. Mindset induction effects on cognitive control: a neuro behavioral investigation [J]. Biological psychology, 2014, 103: 27-37.

在另一项研究中，参与者被要求进行某种认知任务，如解决数学问题或记忆测试，并在任务中有意或无意地犯错。通过记录大脑的相关电位，研究人员能够观察到不同思维模式者在犯错后的神经反应差异。

结果显示，固定型思维者在犯错后表现出较低的意识和注意力分配水平，他们倾向于将错误归因于自己的固有能力不足，从而导致消极情绪的产生。相比之下，成长型思维者在犯错后更加敏锐地察觉到错误，并将更多的注意力集中在了错误上，以从中学到经验教训。这种积极的思维模式激发了大脑对错误的更高敏感度和更好的自我调节能力。

这项研究的脑电图结果如图 4-1 所示，成长型思维者的 P300 成分（由刺激诱发的潜伏期约 300ms 的晚期正波）的波幅更大。P300 成分能反映注意力分配和认知处理。因此，可以推测成长型思维者在犯错后能够更好地意识到错误，并将更多的认知资源投入到错误的纠正和改进上。

这项研究结果进一步证实了思维模式与大脑活动之间的密切联系。成长型思维者能够更好地应对挑战和失败，因为他们将错误视为学习和成长的机会。他们可以更好地适应新的情境和要求，从而为纠正错误分配更高的注意力。这种积极的思维模式提升了认知过程的灵活性和创造性，使他们更有可能克服困难并取得成功。[⊖]

⊖　MANGELS J A, BUTTERFIELD B, LAMB J, et al. Why do beliefs about intelligence influence learning success? A social cognitive neuroscience model [J]. Scan, 2006, 1(2): 75-86.

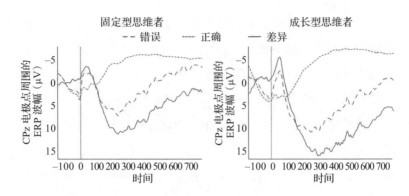

图 4-1 固定型思维者和成长型思维者对错误反应的脑电波

在同一个研究中，研究人员对思维模式的神经基础进行了更深入的研究，以揭示不同思维方式与大脑活动之间的关系。他们通过观察大学生在遭遇挫折时大脑的激活情况来探究这个问题。

研究采用了一系列事件，刻意引发大学生们遭遇挫折，并通过记录大脑的电信号来观察其反应。研究结果清楚地显示，与具有固定型思维的大学生相比，具有成长型思维的大学生在收到针对错误的反馈后展现了更高的大脑激活水平。具有成长型思维的大学生能够更加有效地将注意力和认知资源分配给纠错机制。这种大脑激活的机制很可能是成长型思维者最终能够纠正错误的关键。

通过以上研究可以看出，我们对待错误的方式取决于我们的思维模式。成长型思维者相信智力和能力可以通过努力和学习来发展。他们更愿意将错误看作是学习和提升的机会。相反，固定型思维者认为智力是固定的特征，不会因为努力和学习而改变。对他们而言，错误只是暴露自己缺乏能力的证据。

这些研究结果表明，思维模式在大脑层面产生了实际的影响。成长型思维者在遇到挫折后大脑的激活水平更高，能够更好地面对错误并从中学习。这种积极的思维方式不仅有助于个人的学习和成长，还为解决问题和形成创造性思维提供了更强大的认知基础。

因此，我们可以通过培养成长型思维模式来积极影响我们的大脑活动和认知过程。意识到错误是学习的机会，相信努力可以改变我们的能力，以及持久不懈地追求进步，都是培养成长型思维模式的关键。这样的思维模式将激励我们更好地适应挑战、克服困难，并取得更好的学习成果。

如何改变思维模式

既然思维模式对学习如此重要，那么它可以改变吗？尽管听起来似乎很困难，但这确实有可能。

我在初中时具有典型的固定型思维模式。对于自己英语成绩不佳，我认为这是我与生俱来的能力不足所致。因此，我自然而然地认为努力没有意义，努力不会改变我的成绩。然而，成年后，我的思维模式转变为成长型思维。当斯坦福大学通知我因为平均成绩未达到毕业要求而可能无法获得学位时，我的第一反应并不是怀疑自己的能力不足，而是怀疑自己的努力方式可能不够高效。最重要的是，我相信，通过努力可以扭转局面。成年后，无论在工作中还是学习中，我都会自觉地将失败归因于自己不够努力，将失败视为对某一领域知识的欠缺。因此，每当遇到挫折时，我都会更加勤奋，因为我知道勤奋和科学的方法能够帮助我弥补不足。这种思维模式也促使我更愿意接受他人的意见，因为我知道，接受他人的反馈是帮助我修正错误的必要途径。

我最终能在斯坦福大学的巨大挫折中扭转局面，按时拿到学位证书毕业，成长型思维模式在其中起到了至关重要的作用。

无论是从我个人的亲身经历，还是从众多的科学研究中，我们都可以很容易得出这样的结论：思维模式肯定是可以改变的。

那么，究竟要如何将固定型思维改变成成长型思维呢？

促使学生相信智力是可以塑造的，就可以启动成长型思维。如果能使学生相信，暴露错误仅仅是知道如何做得更好的必要过程，甚至是提升成绩的必要手段，那么成长型思维就更容易在学生们的心中驻留下来。

一项研究很好地证明了这一观点。科学家对一批青少年仅仅开展了 3 次 45 分钟的关于神经可塑性的课程，就让青少年表现出了更多的成长型思维模式。⊖这 3 次课程的内容包括 3 个关于神经可塑性的教学模块：①大脑如何工作与学习；②青春期神经心理发育；③影响学习成绩的生活方式因素。这项研究在荷兰开展，参加这项研究的是 41 名对"大脑与学习"感兴趣的中学生物课教师，以及 1241 名 8～9 年级的学生。在完成 3 个模块的学习后，更多的学生认为智力是可以塑造的。这

⊖ DEKKER S, JOLLES J. Teaching about "brain and learning" in high school biology classes: effects on teachers' knowledge and students' theory of intelligence [J]. Frontier in psychology, 2015, 6: 1848.

项研究的重大意义是，简短的关于大脑机制的教学模块就具有巨大的价值：了解大脑机制不仅仅有助于提高生物教师对"大脑如何工作与学习"的理解，也有助于改变学生对智力的看法，从而提升学生的学习动力。向学生教授"大脑如何工作与学习"，能够培养青少年的成长型思维。与没有学习课程的青少年相比，学习过课程的学生更多地表现出了成长型思维。而且，向学生教授大脑是如何学习的有助于增强青少年对学习和自我提升的信心。

很多人认为，忙碌的高中生可能根本没有时间学习脑科学的课程，因为这个内容似乎跟他们未来的高考并不直接相关。在巨大的升学压力下，家长和学生都不愿意花时间在与高考不直接相关的事情上。但我们必须承认如下事实：首先，这样的学习能够很好地改变学生的思维模式，从而带来更强的学习动力；其次，即便是很短时间的脑科学的学习，也能提高学习的动力。

2018 年的一项研究表明，一次仅仅 55 分钟的关于大脑可塑性内容的思想干预，就可以给思维模式带来很明显的改变。[⊖]方法也非常简单，仅仅是在学生学习之前安排阅读关于智力可以改变的文章，就可以显著影响大脑的激活水平。

以上所有的研究都在告诉我们一个简单的事实，只要学生接触大脑可塑性的信息，思维模式、学习动力和学习表现就都

⊖　DEBACKER T K, HEDDY B C, KERSHEN J L, et al. Effects of a one-shot growth mindset intervention on beliefs about intelligence and achievement goals[J]. Educational psychology, 2018, 38(6): 711-733.

会受到显著影响。但事情远没有如此简单，还有以下几种因素会决定学生的思维模式，我们务必引起注意。

不同的反馈类型，会塑造不同的思维模式。我们每天都会接触到关于我们能力的不同反馈，这些反馈就在不断塑造我们的思维模式。如果一个学生经常收到负面的甚至是下结论式的反馈，比如"你就是笨""你就不是块学习的料""你就不适合学习某某科目"，那么学生很容易被塑造出固定型思维，并因此丧失努力的意愿。相反，如果一个学生经常收到的是关于过程的正面反馈，比如，"你只是这次没考好，我相信下次你会赶上的"，或者"我相信你只要再努力一下，就可以做到"。这些反馈传达的信息是一个人的能力可以通过学习和努力改变，这些信息将塑造一个人对自身能力的态度或者"心态"。过去数十年的研究都一再表明，心态对学习、内在学习动机以及成就有很大的影响。

那么我们应该怎么做？很简单，多表扬，少批评。

表扬就是一个非常好的反馈方法。经常获得表扬的学生，可以觉察到照顾者（比如家长或老师）的积极信念和乐观的价值观，学会更积极地面对学习和生活。

但我们要注意，并不是所有的表扬都能帮助学生塑造成长型思维。

表扬的类型大致可以分为两种：一种是针对过程的肯定，比如"你很努力"；另一种是针对本身的夸奖，比如"你很聪明"。

虽然赞扬一个学生的自身比如他的性格，整体上的确是有益的，但研究发现，针对过程的正面反馈，对培养学生的成长型思维更有益。听到较多关于过程性表扬的学生，会更容易在心底里认为，他们成就的来源是努力；而听到较多表扬是关于自身的学生更容易认为，他们成就的根源是生来就有的固定特质。[⊖]因此，收到两种不同类型的表扬的学生，很可能会产生截然不同的信念体系，也就是成长型思维或固定型思维。

在一项研究中，67 名 5～6 岁儿童被要求完成会产生挫折感的任务，并在每次任务后收到三种形式的批评中的一种：针对人的批评；针对结果的批评；针对过程的批评。

在另一项研究中，64 名儿童被要求完成会获得成功的任务，并在任务后获得针对人、结果或过程的赞扬中的一种。

在这两项研究中，自我评估（self-assessment）、情绪（emotion）和持久性（persistence）都是在涉及挫折的后续任务中被测量。结果表明，与针对过程的批评或表扬相比，儿童在受到关于人本身的批评或表扬后，当遭遇挫折时，会表现出明显更多的"无助"反应，他们期待别人的帮助，而不是通过自己努力完成。因此，即使是关于自身的积极反馈也可能产生偶然的、脆弱的自我价值感。[⊖]

那么，什么时候才是培养成长型思维模式的最佳时机？当然是越早越好，思维模式应该尽早培养。

────────────

⊖ ZENTALL S R, MORRIS B J. "Good job, you're so smart": the effects of inconsistency of praise type on young children's motivation [J]. Experimental child psychology, 2010, 107(2): 155-163.

⊖ KAMINS M L, DWECK C S. Person versus process praise and criticism: implications for contingent self-worth and coping [J]. Developmental psychology, 1999, 35(3): 835-847.

来自芝加哥大学的伊丽莎白博士和斯坦福大学的德韦克博士以及她们的团队的一项研究，揭示了父母对 1～3 岁的孩子进行过程性表扬的好处。他们发现，这些孩子在 5 年后更容易具有成长型思维。同样，如果缺乏对过程的鼓励，则更容易让孩子形成固定型思维。[⊖]

了解和认识自己的思维模式对于学习至关重要。发展成长型思维模式可以激发内在动力，促进学习和成长。同时，我们也可以改变固定型思维模式，相信通过努力和学习可以改变自身的能力和表现。通过培养积极的学习态度和相信自己的潜力，我们可以不断追求学习和成长，获得更大的进步和成功。

变被动为主动（一）：经常反思

多媒体教学已经被广泛应用于各个领域，被认为是一种高效的教学方式。幻灯片已成为教学中被广泛采用的教学工具。从小学到大学，教师们都在使用幻灯片进行授课，学生们也逐渐改变学习方式，从抄写板书变成了在听老师讲课的同时抄写幻灯片上的内容。当然，也有一些学生只等着打印老师的幻灯片而不进行抄写。幻灯片的使用简化了教与学的过程，但这种方式也引起了不少批评，其中一个原因是课堂参与度下降，无论是从教师还是学生的角度来看都是如此。

⊖ GUNDERSON E A, GRIPSHOVER S J, ROMERO C, et al. Parent praise to 1- to 3-year-olds predicts children's motivational frameworks 5 years later[J]. Child development, 2013, 84(5): 1526-1541.

抄写幻灯片虽然比什么都不做要好，但并不是最有效率的学习方法。研究证实，课后立即进行反思比抄写幻灯片更为有效。花几分钟时间回顾刚刚上过的课程，思考自己学到了什么要点，例如解决了哪些问题或学会了哪些重要理论。可以尝试提出一些问题来考验自己，或者默写公式。如果时间允许，可以用这些公式解决几个实际问题。这样的学习活动被称为反思。

通过频繁的反思，我们可以加深对所学内容的理解和记忆，同时提高学习效果。这种主动思考的学习方式比简单地抄写幻灯片更为有效，因为它促使我们深入思考和应用知识，从而加强神经连接和记忆形成。

反思是一种涵盖多个学习关键过程的方法。

第一，它要求我们从刚刚形成的记忆中提取我们所学的内容。通过提取所学内容，我们可以巩固刚刚学到的知识，并将其从短时记忆转移到更持久的长时记忆中。

第二，反思还可以通过解决问题来巩固学习。通过尝试回答问题或应用所学的概念和知识点，我们可以加深对知识的理解和运用能力。这种主动的思考和问题解决过程有助于强化神经连接，并提高记忆的持久性。

第三，反思通常涉及将新知识与旧知识联系起来。这种联系可以提供记忆的线索，帮助我们在将来更容易地提取所学的内容。通过将新知识与我们已经掌握的知识框架相联系，我们可以形成更丰富、更深入的理解，从而加强记忆的编码和检索。

通过反思，我们利用了记忆提取、问题解决和新旧知识整合等关键学习过程，以增强学习的效果和记忆的持久性。这种学习方法不是被动灌输信息，而是主动挖掘学习内容，使我们能够更深入地理解和应用所学的知识。

写作被广泛认为是一种非常有效的反思方式。

在斯坦福商学院的许多课程中，我见识到了"以写促学"的教学方法。教授们要求学生在短时间内对当天课程的重点内容进行反思，并撰写论文。有些课程的教授甚至要求当天提交论文，最迟也要在第二天上午提交。这样紧迫的时间要求并不是因为教授们担心学生不交作业，而是因为随着时间的推移，记忆会逐渐消退。通过及时反思，我们可以阻止遗忘的发生。因此，最佳的写作时间是尽早开始，在当天记忆最为清晰的时候进行反思。因为一夜之间，很多重要内容就会从记忆中消退。就个人经验而言，那些要求当晚就进行反思写论文的课程，让我印象更加深刻，也使我学到的内容更加扎实。多年后，我依然对这些课程的内容保持着深刻的记忆。

当然，斯坦福的教授们并非毫无根据地增加学生的学业负担。他们清楚每个学生的学习安排都十分紧凑，要求当天就写论文的要求确实有些苛刻。然而，研究证明"以写促学"具有巨大的学习优势，这是教授们不能忽视的。他们对学生的要求，旨在促使学生通过写作来深入思考和整理知识，从而加深理解、巩固记忆，并提高学习成果。

我非常喜欢读书，每年大约要读 100 本书。在知道反思这个方法之前，我从来不做总结，我总觉得既然内容我都详细读过了，我应该就是学会了。但事实恰恰相反，对于阅读过的东西，我们能记住的其实少之又少。随着时间推移，我很快就完全不记得大多数书里的主要内容。

　　幸运的是，随着我对大脑科学以及认知科学的深入了解，我开始改变我的阅读方法。没有大的变化，仅仅是在阅读之后做个小总结，尝试提炼出这本书的核心观点和作者的主要论据。有时仅仅是简单地问自己几个问题，并把问题和答案记录在笔记本上。有的时候就随手写在书的扉页上。这些问题通常也不多，也非常简单：本书讨论的核心问题是什么？作者用什么方法解决问题？我最喜欢本书的哪个部分？这本书跟其他同类型的书有什么差别？自从我采纳了这个简单的反思方法后，读书后的惊喜就不断发生。因为我发现自己不仅仅能够记住更多书的主要内容，而且对某些细节产生了深刻的印象。

　　我发现，如果能将一本书的核心内容讲给其他人听，会让我对这本书的记忆更加深刻，而且这让我对阅读相关内容产生了更大的兴趣。

变被动为主动（二）：积极回答问题

　　在斯坦福商学院，要想顺利毕业并获得学位证书，各门功课仅仅考试及格是远远不够的。为了取得优异的成绩，学生们需要全力以赴，不仅要在期末考试中表现出色，还要积极主动地参与每一堂课里的讨论和问题回答。积极参与课堂对最终成绩起到巨大作用，打分所占的比重有时高达整体分数的40%。这并非偶然，而是因为商学院的教授深谙一种重要的科学学习方法：回答问题是一种高效的提取练习。

要回答一个关于学习的问题，我们需要从记忆深处提取相关的信息。因此，回答问题的次数越多，就意味着我们提取和巩固记忆的次数越多。通过反复激活与学习目标相关的神经元，我们能够加强这些神经元之间的连接，从而加深记忆的痕迹，增强记忆的稳固性。

回答问题的效果有时甚至比参加考试还要好，这是因为回答问题可以立即得到反馈。在最早的阶段就能纠正记忆的偏差或理解上的错误。相比之下，一旦考试结束，许多人并不会仔细查看自己的错误之处，学生们习惯于只是匆匆看一眼自己做错的题目，而不深入研究如何纠正。因此，偏差或错误无法得到及时纠正。

通过回答问题并及时收到反馈，我们能够不断强化正确的记忆和理解。如果我们在实时的学习环境中纠正错误，就有机会重新思考和调整自己的认知。这种及时的反馈有助于我们避免重复犯错，建立准确的知识框架，并逐渐改进我们的学习策略。通过这种方式，我们能够更有效地巩固所学内容，提高学习的效果。

这种互动式的学习方式能促进学生主动参与、培养思考能力。通过回答问题，学生们得以不断巩固和强化他们的知识基础，同时也能够发展批判性思维和解决问题的能力。这种实时的反馈和纠正机制能帮助学生及时发现并纠正自己的理解偏差，提高学习效果。

斯坦福商学院的学生深知，参与课堂讨论和积极回答问题不仅仅是为了追求好成绩，更是为了拓展自己的知识和技能，为未来的职业发展做好准备。这种外在动力和内在动力相结合，激发了他们在学习中的热情和动力，使他们能够充分利用课堂上的机会，获得更深入的学习体验和成长。

关于课堂问答，不是每个人都有充分的机会参与其中。作为一种替代方法，自问自答可以被应用。自问自答可以提升学习的主动性，从神经可塑性的角度来看，自问自答还被科学证明是一种非常有效的反思方式。虽然没有他人的参与和反馈，但在自问自答的过程中，我们需要提取记忆，这让我们能够很好地强化相关问题的神经连接。

自问自答的有效性在于，它可以激发大脑里神经回路的塑造。在自我提问的过程中，我们需要回忆并检索相关的知识，这会激活与学习目标相关的神经元和神经连接。当我们通过自己的思考和回答加深对问题的理解时，我们的大脑会对这些信息进行进一步加工和巩固，从而增强记忆的持久性和稳定性。

自问自答还能帮助我们发现自己的知识漏洞和理解上的偏差。在自我提问的过程中，我们可能会发现自己对某个问题的答案并不确定，甚至根本无法回答。这为我们指明了需要重点复习和深入理解的领域，促使我们主动寻求答案并填补知识的空白。

遗憾的是，研究发现，只有 10% 的人使用自问自答这种学习方法，而仅有 1% 的学生表示自问自答是自己最喜欢的学习方式。相反，绝大多数学生（约 84%）选择重新阅读课堂笔记或教材，55% 的学生表示这是他们最常用的学习方式。[⊖]虽

⊖　KARPICKE J D, BUTLER A C, ROEDIGER H L. Metacognitive strategies in student learning: do students practice retrieval when they study on their own? [J]. Memory, 2009, 17(4): 471-479.

然这比什么都不做要好，但研究证明，仅仅重新阅读是效率最低的学习方法之一。[⊖]

虽然自问自答在学习中较少被使用，但它是一种有效的学习方法。通过自我提问，我们能够通过提取和巩固记忆，加强相关神经连接。因此，建议更多的学生尝试自问自答的学习方式，以提升学习效果和记忆的持久性。

商学院的教授通常都会提供幻灯片来帮助我们理解课程，以及在后期进行复习。他们的幻灯片里只有最精要的核心问题，从不啰唆。遮住幻灯片来进行回忆，效果通常非常好。当然，不要过分依赖教授的幻灯片，记录课堂笔记无疑能帮助我们提升课堂专注度，将听课效果最大化。

我们还可以利用课堂笔记，来进行自问自答。

利用课堂笔记进行自问自答被证明是一种可以高效巩固学习内容的方法。虽然做笔记可以提升上课的专注程度，并有助于后续复习，但简单地重复阅读笔记的效果是微弱的。

那么，如何更好地利用笔记来巩固学习呢？答案是主动学习，通过自问自答的方式进行。我们可以遮住笔记，回忆上课的内容。尝试总结课堂要点，或根据这些要点提出问题，这样做会迫使我们从记忆中提取相关信息，加强神经回路。在回忆的过程中，不要一遇到困难就立即翻看笔记，因为直

⊖　DUNLOSKY J, RAWSON K A, MARSH E J, et al. Improving students' learning with effective learning techniques: promising directions from cognitive and educational psychology [J]. Psychological science in the public interest, 2013, 14(1): 4-58.

接获取答案带来的恍然大悟的感觉并不代表我们已经真正学会了。

哪怕实在无法回忆起来，也不必过分担心，我们可以打开笔记查看。但不要只是看一眼就结束，而是应该在阅读完笔记之后再次遮住，重新回忆。反复练习，直到能够完全回忆起课堂的核心内容。

这种利用课堂笔记进行自问自答的主动学习方法可以增强记忆的保持和提取能力。同时，它也能帮助我们深入理解和应用所学知识，提高学习效果。

在刚开始使用这个方法的时候，我们很可能会觉得回忆课堂内容既麻烦又费力，但如果坚持几次，就会很快发现我们能够熟练运用这种反思的方式来巩固一堂课的学习。

我有时候会突然思考这样一个问题：为什么教授的幻灯片是这样写的而不是那样写的？他到底想传递给我们什么核心信息呢？又或者，他教授的内容和我们自己总结的笔记又有何不同呢？我们对课堂内容的进一步思考，会增加知识间的联系，这会给记忆增加线索，方便将来的提取。

无论是课堂提问，还是自问自答，我们都需要给回答留出足够的时间。

当我们学习新知识时，刚开始，因为还没有得到足够的巩固和强化，因此与之相关的神经网络相对薄弱，这意味着我们需要更多的时间来提取知识、整理观点。

尽管回答问题可能需要更长的时间，且在提取知识方面可能会遇到困难，但我们不应中断或干扰这个过程。实际上，越是努力地回忆，越能加深记忆的痕迹并加强神经连接。比约克夫妇将这一现象称为"合意困难"（desirable difficulty）。研究人员发现，在问题被提出后等待超过 3 秒钟，对于随后的回忆有积极的影响，这也会提高回答的质量。[⊖]

因此，在提问之后，我们不应急于找出正确答案，而是要留出一些时间进行深思熟虑，通过努力提取记忆和整合相关内容来回答问题。这种反思过程能够显著增强学习效果，进一步促进与知识相关的神经回路的塑造。

主动参与式教学

虽然这部分内容可能更适合教育者阅读，但学习者也可以通过这部分内容了解老师布置的任务背后的目的，从而更加主动地学习。

相对于被动地接受知识灌输，主动学习的好处不言自明。

研究人员对 225 个研究进行了元分析，这些研究比较了在大学 STEM［由科学（Science）、技术（Technology）、工程（Engineering）和数学（Mathematics）4 个学科的英文单词首字母合并而来］课程中，传统讲课方式和积极参与式教学对学生表现的影响。[⊖]

⊖ TOBIN K. The role of wait time in higher cognitive level learning [J]. Review of educational research, 1987, 57(1): 69-95.

⊖ FREEMAN S, EDDY S L, MCDONOUGH M, et al. Active learning increases student performance in science, engineering, and mathematics [J]. Proceedings of the National Academy of Sciences of the United States of America, 2014, 111(23): 8410-8415.

研究结果显示，在采用积极参与式教学的课程中，学生的考试成绩和概念理解能力平均提高了约 6%。而在采用传统讲课方式的课程中，不及格的概率是采用积极参与式教学的课程的 1.5 倍。这意味着在采用积极参与式教学的课堂上，学生更容易取得好成绩，而在采用传统讲课方式的课堂上，学生更容易不及格。

这个结果也适用于不同规模的班级。积极参与式教学在各种班级规模下都是有效的，且在小班级中效果最为显著。

这些结果为在常规教育中采用经过验证的积极参与式教学方式的有效性提供了证据支持。主动学习不仅能够增加学习者的参与度，还能够培养他们的批判性思维和解决问题的能力，从而提高他们的学习成绩和长期的知识应用能力。

创造积极的学习环境、提供挑战和启发、制订目标并提供资源来帮助实现目标、采用多样化的教学策略以及激发兴趣，都是教育者可以采取的良好教学策略。此外，我想在这里介绍一个经过科学研究验证的技巧，用来促进学生主动学习。

研究发现，只需要在课堂结束前的 5 分钟内对学生进行一次小测验，然后立即公布答案以帮助学生确认作答正确或纠正错误，就能显著提升学生的主动参与度，并提升他们的学习成绩。

位于圣路易斯的华盛顿大学的几个研究人员在课堂里使用这种方式帮助学生主动学习。他们发现，只要在每堂课结束的时候通过几个简单问题的测试来考察当天课程的核心内容，就能促进学生主动参与，并且能够提升期末考试的

成绩。[⊖]

参与研究的是一所学校的 142 名六年级学生，学习内容是社会学教科书里关于古埃及、美索不达米亚、印度和中国的 4 章材料。研究人员将最终测试的内容分成了 3 个部分来进行实验研究。第一部分，研究人员做了精心的问题设计用于课后的提问；第二部分是考前老师告诉学生们要复习的部分；第三部分则既不出现在课后提问也不被要求复习。

然后，教师还是按照他们之前的节奏上课，不同之处就是在每次课结束的时候，研究人员会走进教室用幻灯片播放一组问题对学生们进行小测试，这些问题就是事先设计好的第一部分内容，有关当天学习内容的核心要点。问题呈现出来的同时，研究人员会大声朗读出题目内容，然后请学生们用答题器立即作答。研究人员之后会给出正确答案，以帮助学生们确认作答正确或纠正错误。

这样经过一个学期的学习，教师在考前告诉学生要复习之前规划的第二部分的内容。然后进行了期末考试。

实验结果完全出乎意料。因为期末考试的结果很清楚地表明：每堂课结束时被提问问题的 1/3 部分的知识，最终在考试中的得分要比其他部分高出了 10 多分。这似乎说得通，毕竟这部分内容经过了课后测试的强化。但让教师无法相信的是：教师要求复习的 1/3 部分，和那既不出现在课后问题也不被要

⊖ ROEDIGER H L, AGARWAL P, MCDANIEL M A, et al. Test-enhanced learning in the classroom: long-term improvements from quizzing [J]. Journal of experimental psychology applied, 2011, 17(4): 382-395.

求复习的 1/3 部分，学生们的得分竟然是相同的。

课堂结束前的小测试能带来更好的学习成绩，这样的测试结果并不难解释。

首先，由于学生知道下课前会有测试，他们在课堂上会更加专注。有些学生甚至会猜测或预测即将面临的测试题目。这种期待测试的心理状态可以提高学生在课堂中的参与度。其次，小测试要求学生进行提取记忆的练习。根据遗忘曲线的原理，初次接触的新知识大部分会在随后几个小时内迅速被遗忘。但一旦进行提取练习，遗忘速度就会明显减缓。课后小测试能够很好地阻止遗忘现象的发生。再次，这些测试非常简短，并且不计入学年最终成绩，这减轻了学生的压力。学生不会因为这些测试而感到有额外的压力，因此更容易投入到测试中。最后，在学生选择答案后，立即公布正确答案，这有助于强化他们对正确答案的记忆，并及时纠正错误。学生通过对比自己的答案与正确答案，可以更好地理解和记忆正确的知识点。

这项研究无疑证实了进行课后小测试并及时公布正确答案对提高学习效果很有效。

在几乎所有的科目中，学习的一个关键目标是掌握该学科里的大量事实性和概念性知识。在一项研究中，研究人员希望通过改变学生的学习策略，来提升学生们对学科里的事实性和概念性知识的记忆。在很多关于学习的研究中，被调查到的学生在准备考试时的学习策略是重复阅读学习材料，把重点用笔勾画出来，并且复习那些凸显出来的部分。但很多研究都表明，重复阅读这些材料对最后的考试成绩并无帮助。

这项研究引起了校方的重视，于是在 2007 年，涵盖了遗传、进化与解剖学内容的八年级科学课也加入了该项研究。学习的方式不变，仍然是 1/3 内容课后提问，1/3 内容要求复习，1/3 内容既不要求复习也不在课后提问。最后的考试结果表明，课后被提问的部分得分 92，而要求复习的部分得分仅为 79。[⊖]

简短的自测和课堂结束时的问答，都可以让记忆得到巩固和强化。而且次数越多，记忆效果越好。但遗憾的是，调查发现，仅有 11% 的学生使用了这样的学习方法，因为大多数学生都还没有意识到，主动的小测试是有效的提取练习，这样的练习可以强化记忆。

主动学习可以鼓励学生积极思考和探索，使他们成为知识的主人，而不仅仅是知识的接收者。通过主动回答问题，学生被迫思考和运用他们已学到的知识，从而巩固和加深对知识的理解。这种主动参与的过程可以激发学生的学习兴趣和动力，培养他们的自主学习能力和批判性思维。

对教师而言，这种主动学习的方法也提供了评估学生掌握程度的机会。教师可以通过学生的回答，了解学生的理解水平和掌握程度，进而根据学生的需求进行个性化指导和支持。这种教学方式可以更好地满足学生的学习需求，提高教学效果。

⊖　MCDANIEL M A, AGARWAL P K, HUELSER B J, et al. Test-enhanced learning in a middle school science classroom: the effects of quiz frequency and placement[J]. Journal of educational psychology, 2011, 103(2): 399-414.

本章小结：全面激活学习动力

学习动力与期望值直接相关。我在初中时期，由于成绩下滑和遭受否定，对学习的期望值降低。家长和老师的负面评价使我认为自己"不适合学习"。这种消极的反馈导致我对学习的兴趣和动力丧失。期望值高的学生更有可能取得好的学习效果。正面的反馈和学习经验可以提升期望值和学习动力。

动力和学习成绩之间有双向影响。好的成绩能增强我们的学习动力，反之，积极的动力也有助于我们提升成绩。正面的反馈可以增加我们的动力和期望值，推动我们不断进步。

智商并不决定成绩，更不决定人能否成功。虽然智商高的人在一开始学习新知识时有优势，但长期来看，学习动力、自律以及反馈才是决定学习成果的关键。智力可以发展——这种观念能帮助学生取得更好的成绩。

思维模式会影响学习成绩。成长型思维者认为能力可以通过努力提升，而固定型思维者认为能力是固定的。成长型思维者更能从错误中学习，面对挑战，取得更好的学习成果。我们可以通过教授大脑可塑性的知识，鼓励学生的努力而非夸奖他们的天赋，来培养他们的成长型思维。早期的积极引导和正面的学习环境有助于培养成长型思维，使个体更加积极地面对挑战和错误。培养成长型思维，可以帮助我们更好地适应学习、成长和获得职业发展。

主动学习比被动学习更有优势。我们可以通过反思来将被动学习变为主动学习。反思可以帮助我们提取关键内容，思考问题的重要性或应用知识。这种方法可以帮助我们加深理解，巩固记忆，提高学习效果。

我们也可以通过积极回答问题和自问自答来实现主动学习。回答问题是一种高效的学习方法，它可以加强记忆的痕迹和神经连接。回答问题并及时得到反馈，就能纠正错误和理解偏差，进一步加强正确的记忆和理解。

如何让努力变得卓有成效

阅读过前面章节的读者已经知道，学习就是要改变大脑的神经结构，促使新的神经回路形成。大脑学习知识，就好像我们利用身体肌肉运动一样。如果得不到足够的休息，肌肉就会僵硬，失去弹性，无法继续运动。大脑得不到休息，就好像一根持续绷紧的橡皮筋，要么最后直接绷断，要么最后完全失去弹力。这不仅会让学习者无法集中注意力，还会让他们出现错误和偏差。

对于在学校里学习的学生而言，当他们在饥饿难耐的状态下进行学习时，他们的身体和大脑会受到诸多限制。思维变得模糊不清，集中注意力变得异常困难。学生的大脑会不断提醒他们去满足生存下去的基础生理需求：吃饱饭。这使得他们难以专注于学习任务。在这种情况下，食堂的食谱和学习内容之间的关系并不是有益的学习关联，而会分散学生的注意力。与学习内容和想要吃饱饭相关的神经元被同时激活，这些神经元会连接起来，形成新的神经网络。我们在之前章节已经阐述过，激活与学习目标不相关的神经元，是产生错误的主要原因。

此外，长时间的连续学习会导致注意力资源耗尽，使学生出现认知疲劳。在上午数小时的学习过程中，学生们已经付出了辛勤努力，他们的大脑需要恢复和放松。如果没有足够的休息，大脑的工作效率将显著下降。得不到适当的休息，学生们将越来越难以集中注意力和有效地思考，更无法将新学到的知识牢固地储存。大脑对于休息和闲暇的需求并非无关紧要。通过休息和享受闲暇，大脑可以整理和整合所学的知识，培养创造性思维。这样的自由时间对于个人的成长和发展非常重要，它为学生们提供了解决问题、拓宽思维和培养兴趣爱好的机会。

大脑需要休息，需要余暇。如果得不到休息，下午的课堂效率必定大打折扣。没有余暇，大脑就无暇关注人生的长远发展，比如对于大学专业的选择以及人生的长期规划；没有余暇，大脑甚至无法察觉近在咫尺的危险。

自从阅读了关于运动对学习成绩提升的影响的科学论文后，我就格外关注学校对体育课程的安排。然而令人遗憾的是，我接触到的一些高中生反映：自从上了高中，就没有上过一次体育课，体育课的时间都被用来学习其他科目。青少年正处于身体和大脑发育的关键阶段，取消体育课不仅对他们的身体健康有巨大影响，对心理健康也非常不利，甚至可能导致智力发展减缓。近 20 年的研究已证实，运动是大脑发展的重要条件，它可以促使大脑产生关键的营养成分。[一]如果大脑失去了这些营养成分，认知能力当然会下降。

很多小学生家长抱怨孩子的作业太多了，根本做不完，要很晚才能睡觉。有的时候第二天早上起来还需要赶作业，因为如果不完成作业，孩子就会受到严厉的批评。有的时候老师还会专门把家长叫到学校去，把家长和学生一起批评。人们的普遍直觉是，作业布置得越多，学习效果自然就会越好。然而，科学研究的结果与人们的直觉相悖。针对家庭作业对学习效果的影响的综合研究显示，给 6～10 岁的小学生布置家庭作业对他们能否取得好成绩并不会有明显影响。[二]这并不是说家庭作业完全无用，因为研究已经证实，从初中开始，家庭作业对学生的学业成就起到了关键作用。[三]

随着认知科学的兴起，科学家们早就开始关注学校里常用的学习方法，他们想知道这些方法究竟能否被科学证明是有效的。令人意外的是，多项研究都证实，一些普遍被采用的学习方法，比如重复阅读、集中式学习、进行分类练习、抄写老师的板书、复习课堂笔记等，都是低效率甚至无用的。这些方法

[一]　COTMAN C W, ENGESSER-CESAR C. Exercise enhances and protects brain function [J]. Exercise and sport sciences reviews, 2002, 30(2): 75-79.

[二]　马森 . 激活你的学习脑 [M]. 唐静，译 . 北京：中国财政经济出版社，2022.

[三]　TRAUTWEIN U, KOLLER O. The relationship between homework and achievement—still much of a mystery [J]. Educational psychology review, 2003, 15(2): 115-145.

在世界范围内仍然在被广泛使用。学生们花了大量时间在这些方法上，却很难有所回报。

与家庭作业的情况相反，被家长和学生都强烈反对的考试，反而被科学证明是非常高效的学习方式。[⊖]但考试这种学习方式之所以被人们深恶痛绝，是因为考试被错误地使用了。

在探讨任何学习策略时，我们都要时刻谨记学习的两个最大障碍：遗忘和出错。如果一个学习方法并不能最大效率地解决这两个问题，那么它就不是好的学习方法。

学习不仅仅是获得新知识或技能，当有需要的时候，我们还得能提取所学的知识加以使用。但不幸的是，由于存在升学压力，很多学生、家长甚至老师，都忽略了这一点。我们总是想以最快的速度完成尽可能多的学习任务，并寄希望于我们不会很快忘记学过的东西。至于用不用得上，那就更是很少人会去思考的了。

在这章里，让我们一起破解"直觉"带来的误区，用科学武装我们的学习，从而冲出迷雾，让我们的学习卓有成效。

为什么要多问"为什么"

好奇心是我们了解世界的必然动力，它驱使我们主动去追求知识和探索未知。好奇心是创造力的源泉。遗憾的是，许多

⊖ ADESOPE O O, TREVISAN D A, SUNDARARAJAN N. Rethinking the use of tests: a meta-analysis of practice testing [J]. Review of educational research, 2017, 87(3): 659-701.

当前的教育方法却往往会削弱学生的好奇心。在学校中，当学生鼓起勇气向老师提出那个重要的问题——"为什么"时，这实际上是学生大脑在积极学习的时刻，是他们的思维被激活、学习动力被调动起来的信号。此时，学生的大脑正处于深入学习内容并对知识进行精细编码的最佳时机。只要抓住这个时机，给予他们解释和说明，学生就能更好地理解并更扎实地掌握所学知识，而且学习动力会进一步得到提升。

然而，由于面临时间和考试压力，一些教师会在学生提问时泼冷水，说："这个不考！"或者更简单地回避问题："没有为什么，记住就行了。"这样的回答既打击学生的好奇心，降低他们的学习动力，也导致学生错过了对知识进行精细编码的最佳时机。学生本可以通过深入探究，打下更加扎实的知识基础。但因为无法提问或提问被拒绝，学生的学习效果受到了显著影响。

我们应该认识到，鼓励学生提出问题，并给予积极回应和深入解答，是帮助他们培养好奇心、激发学习动力的重要环节。当学生问出那个关键的"为什么"时，我们应该以开放的态度去回应，引导他们思考、探索和发现答案。这样的互动不仅能够满足学生的求知欲，提升学生的学习动力，也能帮助他们建立起更扎实的学习基础。因此，教育应该重视培养学生的好奇心，保护学生的好奇心，让学生在探索中获得学习知识的真正乐趣，而不仅仅是为了应付考试而背诵知识。

鼓励学生多问"为什么"，并给予积极回应，至少有以下4个对学习的益处。

第一，多问"为什么"，能够提高学生的理解能力。通过问"为什么"，学生能够深入思考问题的本质和原因。这种主动追问的过程可以帮助他们更好地理解所学的知识，从而加深对知识的掌握。

当学生问"为什么"时，通常是因为他们在积极地思考问题的本质和原因。这种思考非常有助于提高学生们的理解能力。主动追问说明学生不是仅仅停留在对事实的了解上，而是在深入思考问题的原因和逻辑。这种深入思考可以帮助他们更全面地理解所学的知识。通过问"为什么"，学生能够挑战表面现象，进一步探索事物的内在机制。他们会思考为什么某个概念或原理有效，为什么某个历史事件会发生，为什么某个规律成立，等等。这样的深入思考有助于学生建立更深层次的理解，超越简单的记忆和机械性的学习，这让他们有机会从根本上理解事物的运作原理，而不仅仅停留在事实和表面的知识上。而且，通过问"为什么"，学生也更容易发现问题之间的联系。他们会思考一个问题是如何与其他问题、概念或原理相互关联的。这种关联思维可以帮助他们构建知识的框架，将零散的知识点有机地联系在一起。这种综合性的理解能力可以帮助学生更好地应用所学的知识，并在解决问题时更具创造性。

第二，鼓励学生多问"为什么"，会激发他们的好奇心和求知欲，从而帮助他们培养积极主动的学习态度。[一]好奇心是

㈠ LIN-SIEGLER X, DWECK C S, COHEN G L. Instructional interventions that motivate classroom learning [J]. Journal of educational psychology, 2016, 108(3): 295-299.

一个强大的动力，它促使学生对世界充满探索的欲望。学生开始主动提出问题，并寻求问题的答案，意味着他们对学习十分投入。他们变得主动积极，希望了解更多，追求更深入的理解。

通过多问"为什么"，学生开始意识到他们有权利去追问、去探索，这培养了他们的自主学习能力。他们不再只是被动接收信息，而是开始主动参与学习过程。这种积极主动的学习态度可以增强他们的自信心和自我驱动力，使他们更加愿意主动探索新的知识领域。此外，鼓励学生多问"为什么"也有助于培养他们的探究精神和批判性思维。如果他们开始质疑事物的原因和逻辑，就意味着他们不再满足于表面的解释，而是追求更深入的解答。这种探究的精神有助于提升他们理解事物的能力。

通过培养好奇心和求知欲，学生会在学习中保持积极的动力和热情。他们会更加主动地去寻求知识，提出问题，并主动探索答案。这种积极主动的学习态度有助于他们更好地吸收知识，加深对所学内容的理解，并在学习过程中获得更多的乐趣和满足感。

第三，问"为什么"有助于培养学生的批判性思维能力。他们不是简单地接受表面的答案，而是深入思考问题的原因和逻辑。这样的思维方式可以帮助学生分析问题、独立思考，并形成自己的观点。一项发表于著名学术期刊《思维能力和创造力》（*Thinking Skills and Creativity*）的研究发现，鼓励学生提出问题并进行批判性思考有助于培养他们的批判性思维能力。

学生通过追问问题的原因和逻辑，形成独立观点，可以提高逻辑推理和评估信息的能力。

当学生问"为什么"时，他们展示了对问题的好奇心和求知欲。这种主动思考问题的态度有助于培养他们的批判性思维能力。通过追求问题的原因和逻辑，学生被激发去探索更深层次的信息和观点，而不仅仅满足于表面的答案。通过问"为什么"，学生被鼓励思考问题的多个方面和可能的解释。通过深入思考问题的各个方面，学生能够更全面地理解复杂的现象，并从中发现隐藏的关系和模式。这样的思维方式有助于学生发展逻辑推理、分析和评估信息的能力，也有助于他们建立自信并敢于表达自己的观点。

第四，多问"为什么"能促进深层学习。通过问"为什么"，学生得以深入挖掘知识的原理和关联，从而实现更深层次的学习。这种深层次的学习可以帮助他们建立知识的框架，将零散的信息联系起来，从而提高学习的连贯性和长时记忆的效果。

当学生仅仅接受表面的答案时，他们可能只记住了具体的事实或过程，而缺乏对其背后原理的理解。然而，通过问"为什么"，他们被鼓励去追问问题的原因和逻辑，深入探索知识的本质。这种深层次的学习使他们能够建立起知识的框架，将不同的概念和信息联系在一起。通过理解知识的原理和关联，学生能够形成更加全面和综合的视角。他们开始认识到不同知识领域之间的相互关系，以及各个概念之间的相互依存性。这种连贯性的学习方式能帮助学生将新学到的知识与已有的知识进行关联，从而更好地理解和记忆新学到的知识。深入挖掘知识背后的原理和关联也有助于培养学生的批判性思维能力。他们开始思考为什么某个原理适用于特定的情况，或者为什么存在某个关联。这种分析和推理的过程可以培养学生的逻辑思维能力，使他们能更加独立地思考和评估信息。

鼓励学生多问"为什么"，能够提高他们的理解能力，帮助他们培养积极主动的学习态度，发展批判性思维能力，并促进深层学习。这种学习方式使学生能够深入思考问题的本质和原因，建立知识的框架，将零散的信息联系起来，并从中发展出自己的观点。通过追问"为什么"，学生能够获得更深入的理解，并培养探究精神和综合性的思维能力，为未来的学习和发展奠定坚实的基础。

解释和说明，将新旧知识联系起来

我在大学里讲课或给中学生做讲座时，最希望的是学生能积极提问。每当面对陌生的学生群体时，我总是不断鼓励他们："请随时提问，不必客气。不要等我讲完再问，有问题就立即打断我，把问题提出来……"这并不只是一种表面上的鼓励，而是因为我发自内心地理解到问问题对学习的重要性。

当学生提问时，我就有机会真正了解他们对知识的掌握情况以及存在的困惑和疑问。这些问题为我提供了宝贵的机会来进行解释和说明，让我可以提供更多的背景信息、实际应用场景和示例，从而加深他们对知识的理解。

解释和说明，是将新知识与旧知识相互联系起来的重要学习方法。当我利用学生已有的知识对新内容进行解释和说明时，与新知识和旧知识相关的神经元，会在学生的大脑中同时被激活。根据赫布理论，同时被激活的神经元又会自动连接起来。这种连接使得新旧知识得以融合，从而为提取这些知识提供更多的记忆线索，这就让知识更容易被提取出来，从而得以应用。

多项研究已经证明，解释和说明对学习具有强大的提升效果。那么，究竟是什么原因，让解释和说明得以强化大脑的学习效果呢？答案是大脑前额叶的参与。

1994 年，著名认知心理学家恩德尔·塔尔文和他的搭档进行的研究进一步证明了这个重要发现：将信息与已有知识建立联系能够更大程度地激活前额叶皮质区域。这种激活使得信息能够在大脑中得到更深层次的处理。

前额叶皮质在处理新信息或复杂信息时起着关键作用。在这项研究中，卡普尔（Kapur）请被试记住一个包含 80 个单词的列表，这些单词依次出现在屏幕上。被试被分成两组，除了观察单词外，第一组被试需要确定看到的单词的含义是否属于生物，而第二组则只需要确定单词是否包含字母"a"。由于第一组在观察单词时需要判断是否属于生物，因此他们看到单词时会启动与生物相关的图像，从而将单词与他们已有的知识进行关联；第二组在判断单词里是否含有字母"a"时，大脑虽然处于忙碌状态，却并不会产生与其他知识的联想，因此大脑不会将单词与其他知识关联起来。

最后进行的测试结果表明，第一组被试记住了 75% 的单词，而第二组只记住了 57%。[⊖]这个研究在一定程度上证实了给信息建立联系的重要性。

另外，教师对问题进行解释和说明，不仅仅能帮助提问题的个人，还能帮助整个学习者群体。

一个学生提出问题可以引发其他学生进行思考和讨论。通过回答一个学生的问题，我可以在整个班级或小组中分享这个问题，并鼓励其他学生提出他们自己的观点和解释。这样的交流和互动能够促进学生之间的协作和知识共享，加深他们的学习体验。

一个学生提出的问题通常也代表其他学生所关心的问题，因此回答一个学生的问题实际上是在帮助整个学习者群体。研究发现，在学习新知识的过程中，当我们观察他人学习或执行某项学习任务时，观察者的大脑会激活与执行者相同的神经元。[⊖]这意味着当我回答一个学生的问题时，其他学生也会在神经层面参与其中，从中获益。

这种现象的出现依赖于镜像神经元系统，[⊜]它使得我们能够通过观察他人的行为和经验来模拟并理解他们的思考过程。因

⊖ KAPUR S, CRAIK F I, TULVING E, et al. Neuroanatomical correlates of encoding in episodic memory: levels of processing effect [J]. Proceedings of the National Academy of Sciences of the United States of America, 1994, 91(6): 2008-2011.

⊜ MUKAMEL R, EKSTROM A D, KAPLAN J, et al. Single-neuron responses in humans during execution and observation of actions [J]. Current biology, 2010, 20(8): 750-756.

⊜ KEYSERS C, GAZZOLA V. Social neuroscience: mirror neurons recorded in humans [J]. Current biology, 2010, 20(8): 353-354.

此，当一个学生提出问题并且我通过回答来解释和说明时，其他学生也能够从中受益。他们可以借鉴问题的解决方法、理解相关概念，并且加深对知识的理解。

回答学生问题的过程还有助于建立积极的学习氛围和合作精神。当学生看到他们的问题被认真回答和解决时，他们会感到被尊重和重视，这能鼓励他们进一步提问和参与学习。这样的互动和合作能够促进学生之间的交流和分享，共同提高整个学习群体的学习效果。

避免简单重复，让学习更有效

简单地甚至机械式地重复学习内容，被一些学习者、教育者甚至培训机构视为学习的法宝，当作核心方法使用。他们相信，只要简单地重复，就能学会知识。

简单地重复学习的确能够在一定程度上提供短期的记忆效果，但它并不足以支持深层次的理解和持久的知识掌握。在重复学习中，我们可能会发现任务变得越来越轻松，但这并不代表我们真正理解和掌握了知识。因为重复之后的轻松并不是因为我们学会了，而是因为简单地重复会迅速降低大脑的参与程度，让大脑的活动出现抑制。经过几次重复后，我们的意识就不再需要主动参与该学习任务。

以抄写一个单词 10 遍为例，我可以确定，在第 5 遍后，我们完全可以在无意识的状态下完成抄写任务。但是，如果我们的大脑在学习过程中不再积极参与认知，那这种学习还会有效吗？

仅仅多次接触信息，并不会让我们自然地准确记住信息，更不代表我们习得了知识。

网络上曾经流行过一个有趣的测试，吸引了大量用户参与。这个测试很简单，它要求用户在不参考真实硬币的情况下从 12 张 1 元硬币的图片中选出唯一正确的那一张。这听起来似乎很简单，毕竟在数字支付流行之前，我们会频繁接触硬币。然而，一旦对图案稍做修改，我们就很难自信地确定哪张图片才是真实的。

就像我们在英语考试时要从" to do"" to doing"和" to be doing"中选出正确答案，仅仅依靠重复过很多次是不够的。因为我们并不明白背后的原理。在正确答案被稍做修改后，我们就很难确定哪个才是正确的。

这个硬币测试清楚地表明，简单的重复接触确实可以使我们记住事物的大致样貌，但对于记忆细节，我们仍然需要采取其他步骤。换句话说，仅仅重复接触并不能保证我们准确且完整地记住知识。

在 20 世纪 60 年代，恩德尔·塔尔文和他的研究团队就质疑了传统的观点，这种观点认为只要进行重复就能够学会知识。他们做了一个实验，以记忆英文名词为例，来探究是否简单的重复接触就能够促进记忆。⊖

⊖　TULVING E. Subjective organization and effects of repetition in multi-trial free-recall learning[J].Journal of verbal learning and verbal behavior, 1966, 5(2): 193-197.

实验非常简单，参与者被给予一列词对，比如"椅子—9"，每个词对的第一个单词都是名词。实验对象被分为2组，2组都在念完6遍这些词对后，才被告知记忆任务。

第一组参与者被要求记忆刚刚念过6遍的词组中的名词，而第二组则被要求记忆一组新的名词。之后，塔尔文对这两组学生进行了第一列名词的测试，以观察两组的记忆表现是否有差异。

我们的直觉马上会告诉我们，第一组的测试成绩肯定更高，毕竟他们已经进行了6次重复，并且还有额外的时间用于记忆。然而，实验结果却让所有人感到意外，两组参与者的测试结果完全一样。此外，两组参与者的学习曲线竟然也出奇地一致。这样的结果让我们不得不相信，仅仅依靠重复并不能提高学习的效果。

那么问题来了，巩固知识的确需要重复，但是仅仅依靠重复又对学习结果没有实际帮助，为什么会这样呢？为什么仅仅依靠重复并不会带来更多学习收益呢？我们需要回到大脑的学习机制中去。

大脑的前额叶皮质参与高级认知功能，当一个学习任务需要我们集中注意力时，前额叶皮质会变得活跃。因此，学习任务越困难，前额叶皮质的参与程度会越高，其活跃度也就越高。然而，大脑的处理能力是有限的，当大脑超负荷时，它就无法有效地处理信息。为了解决这个问题，大脑发展出了两种机制来处理它已经熟悉的任务，也就是多次重复出现的信息。

第一种机制是忽视重复的信息。对于反复出现但不构成生命威胁的信息，大脑会将其视为无意义的，并选择忽略这些信息。这是为了节约能量，因为节约能量是大多数动物生存下去的基本条件。

对于人类来说，大脑还演化出了第二种机制来处理重复出现的信息。当某项任务熟悉到一定程度时，大脑会将其交给其他脑区处理，比如我们在前面章节已经讲过的基底神经节。这使得我们可以在执行这项任务时进入"自动驾驶"状态，意识逐渐下沉到更底层的脑区。在这种状态下，前额叶皮质的活跃度会逐渐减少，大脑会节约资源去处理那些更为新颖或不熟悉的任务。这种机制让我们能够更高效地执行那些已经熟练掌握的任务，同时为我们的大脑腾出更多的认知资源去处理其他需要更多注意力和思考的任务。

这两种机制都意味着，简单地重复对于巩固知识并不足够，因为一旦重复信息被忽视，或者熟悉的任务被自动化，前额叶皮质的参与程度会减少，我们的意识也会相应降低。因此，我们需要采取其他学习策略，来确保大脑的积极参与，这样才能使知识得到更深入的理解。

要提高学习效果，就必须避免大脑的重复抑制

尽管重复激活与学习目标相关的神经元是巩固学习成果的必要条件，但我们应该注意的是，反复激活神经元并不意味着进行重复性的学习活动。因为长时间进行高密度的重复激活，

往往会造成大脑活跃度降低。大脑会在过度重复的信息面前陷入重复抑制（repetition suppression）[⊖]。

什么是重复抑制？

大脑的重复抑制是一种神经现象，指的是当我们多次接收到相同的刺激时，大脑对这些刺激的反应逐渐减弱。这种现象反映了大脑在处理重复刺激时的自适应能力。当我们面对重复的刺激时，初始时大脑对该刺激的反应是强烈的，但随着重复次数的增加，大脑逐渐减少了对该刺激的关注和反应强度。这可以在神经影像学研究中通过测量脑活动的变化来观察到，例如功能性磁共振成像。大脑通过抑制对相同的刺激的反应来节省能量和资源，因为重复刺激往往不需要复杂的处理和解析。这种抑制现象使大脑能够更加高效地处理新的、变化的刺激，提高处理信息的效率。

加州大学洛杉矶分校进行了一项研究。研究人员请心理实验室的教职员工和学生去找离自己最近的灭火器，多数人都无法通过这个小测验。此前，该研究的主持者之一———一名在该校任教 25 年的教授曾在听过一堂建筑安全课后，在回办公室的路上努力寻找最近的灭火器，结果他发现灭火器就在办公室门口的右边，与自己每天都要扭动多次的门把手只相隔几十厘米。从这个例子可以看出，尽管他每天都会路过灭火器，他还

⊖ SUMMERFIELD C, TRITTSCHUH E H, MONTI J M, et al. Neural repetition suppression reflects fulfilled perceptual expectations [J]. Nature neuroscience, 2008, 11(9): 1004-1006.

是不知道灭火器在哪。[⊖]

对于每天都面对的重复景象，我们不一定会留意到它们的存在，只有遇到突发状况，比如教室的窗户破了或者桌椅倒了，我们才会给它们投入注意力。这种现象揭示了我们对重复性刺激的反应和注意力分配的特点。频繁地重复激活同一神经回路可能导致大脑的活跃度降低，使我们对重复的事物产生忽视。然而，当出现突发状况或新颖的刺激时，我们会更加关注并投入更多的注意力。

那么，为什么我们在学习中如此偏爱简单重复呢？

这源于我们的错觉。当一项认知任务被重复多次后，我们感觉到学习变轻松了，我们错误地认为变轻松的原因是我们已经掌握了学习内容。现在我们知道，这可以用大脑的重复抑制机制来解释，大脑只是降低了活跃度。

除了重复抄写，学习者也常常热衷于反复阅读。他们喜欢翻阅自己喜爱的书籍，或在考试前反复阅读课堂笔记。

我自己也很喜欢重复阅读一本书，因为我发现在第二遍阅读时，我的速度更快了，而在第三遍时，不仅速度提升了，还能跳过许多细节，而且仍然了解整本书的内容。这给我一种错觉：我能够如此快速且熟练地阅读，一定是因为我已经掌握了所有的知识。据一项调查显示，超过 80% 的学生喜欢通过反复阅读来学习。这也可能是一些老师和家长心目中的最佳学习方法。

⊖ CASTEL A D, VENDETTI M, HOLYOAK K J. Fire drill: inattentional blindness and amnesia for the location of fire extinguishers [J]. Attention, perception & psychophysics, 2012, 74: 1391-1396.

然而，反复阅读真的对学习有效吗？很遗憾，不是的。研究已经证实，反复阅读通常是徒劳无功的。

在多次阅读同一本书时，我们会很容易发现自己能够读得更快，即使跳过一些细节也仍然理解整本书的内容。这种经验会让我们误以为我们已经完全掌握了书中的所有知识。然而，研究表明，仅仅反复阅读并不能够充分巩固和提高学习效果。重复阅读相同的内容在一定程度上可以加深对基本知识和概念的理解，但对于更深入的理解和应用，它的效果相对有限。

华盛顿大学的卡伦德（A. A. Callender）博士于 2008 年发表了一篇论文，探讨了重复阅读对理解和记忆散文的效果。他的研究结论表明，重复阅读只带来微不足道的好处。[一]在实验中，第一组学生阅读了学习资料后立即进行了第二次阅读，而第二组只进行了一次阅读。随后，两组学生立即接受了测试。结果显示，进行了重复阅读的学生的成绩稍微优于只进行了一次阅读的学生。然而，卡伦德教授并没有停止实验，他推迟了测试时间后很快发现，两组学生的测试成绩并没有明显差异。也就是说，随着时间的推移，当遗忘曲线体现的机制开始发挥作用时，两组学生的阅读成绩就不再具有差别了。

这项实验显示，在立即进行测试的情况下，进行了重复阅读的学生可能会稍微表现得更好。这可以归因于他们对学习资料的熟悉程度更高。因为内容还没有完全从短时记忆中消除，

㊀ CALLENDER A A, MCDANIEL M A. The limited benefits of rereading educational texts [J]. Contemporary educational psychology, 2009, 34(1): 30-41.

所以他们的短时记忆具有一定的优势。然而,当测试时间被延后,短时记忆已经被完全消除后,重复阅读就无法给学生带来优势,两组学生的测试成绩就没有了明显的差异。

我们的大脑在面对重复刺激时会遇到"干扰效应",即反复阅读相同的内容会导致我们对细节和信息的混淆和模糊。我们可能会陷入一种错觉,认为我们已经完全掌握了知识,但当真正需要回忆和应用知识时,我们却发现记忆并不牢固。

这个实验结果进一步强调了重复阅读的局限性。虽然重复阅读可以提高短时记忆和暂时的学习效果,但它并没有提供足够的挑战和变化,以促进更深入的理解和长时记忆的形成。

反复阅读在表面上看起来是一种简单且直观的学习方法,但研究表明它并不是高效的学习策略。在反复阅读的过程中,我们往往只是被动地重复阅读相同的内容,而没有真正地主动思考和深入理解。这种机械性的重复学习并没有激发我们的认知过程和思维能力,也无法帮助我们建立更为牢固的知识结构。

因此,我们应该超越简单的重复阅读,尝试更加多元化和有意义的学习方式,包括与他人讨论和交流,主动提出问题和寻求答案,进行实践和应用,以及运用各种辅助工具和技术来学习。通过这些方法,我们能够更全面地掌握知识,培养批判性思维和创造力,以及提高学习的效果。

间隔学习,提升学习效果

我非常热爱阅读,并坚持每年阅读 100 本书。一些喜爱的书籍，我会反复阅读它们。

由于工作需要，我几乎每周都要飞往不同的城市出差，每周两次的飞行已经成为家常便饭。飞机上不能上网，通常邻座之间也不会交谈。于是在长时间的飞行中，我养成了阅读的习惯。我会在机场购买时下最受欢迎的畅销书，然后在 2 到 3 个小时的飞行时间里完成整本书的阅读。这样做不仅能够打发我在飞机上的时间，我还能从阅读中获得乐趣。每当我读完一本书后，我都会在书的扉页上写下完成阅读的时间和地点，这个小小的举动给我带来一种成就感。通常商业畅销书的篇幅在 200 到 300 页之间，对于一个熟练的阅读者来说，每 30 分钟读 50 页是很正常的。因此，我通常可以在 2 小时内完成一本书的阅读。

过去我有一个习惯，就是打开一本书后，会要求自己在当天必须读完。因为我发现，如果不在同一天内读完，第二天或几天后再捡起来阅读，就需要回忆之前的内容，有时还需要翻阅已读部分才能继续阅读。这让阅读变得更加困难，也更加耗时。因此，一天内读完让我感到学习变得更轻松，不需要花费时间和精力去回忆之前的情节或概念，能够更好地沉浸在阅读的乐趣中。

然而，经过几年的实践，我发现了一个严重的问题：我对许多已阅读过的书没有留下记忆。有时候，当别人提到我明明读过的书时，我竟然毫无印象。有的书我买来翻开后才慢慢发现已经阅读过。这让我开始怀疑自己的记忆是否出了问题。然而，我很快明白问题并不在于我的记忆力。

我开始思考，为什么我对一些已阅读过的书会没有任何印象。不久后，我找到了答案。那些我读过但没有印象的书通常具备两个特点：

第一，这些书通常是我在几个小时内集中阅读完的；

第二，我完全没有重复阅读过这些书。

我之所以对这些书没有记忆，是因为我只进行了短暂而密集的集中学习，而没有在间隔足够的时间后巩固和重温所学内容。

通过观察和研究，我发现记忆的保持和巩固的确离不开重复，但并不是简单的密集重复，而是必须要有合理的时间间隔。只有在一段时间后再次重复阅读，才能够加深对书中内容的理解和记忆。集中学习虽然能够让我迅速阅读完一本书，获得成就感，但无法让书里的内容在我的记忆中留下持久的印象。相反，间隔适当的时间后再重复阅读，可以强化长时记忆，使我更好地掌握和记忆所学内容。而且，我为此找到了科学依据。

1900 年，乔治·米勒（George Müller）和阿尔方斯·皮尔策克（Alfons Pilzecker）就进行了一项有趣的实验，他们邀请了两组学生来学习两个无意义音节的词汇表。一组被称为"立即学习组"，他们在学完第一个词汇表后立即开始学习第二个词汇表，像我们平时背单词一样，一口气背到筋疲力尽；另一组被称为"延迟学习组"，他们在学完第一个词汇表后休息了六分钟，即间隔了一段时间，然后才开始学习第二个词汇表。接着，研究人员测试了两组学生对第一个词汇表的记忆效果。[注]

⊖　DEWAR M T, COWAN N, DELLA SALA S. Forgetting due to retroactive interference: a fusion of Müller and Pilzecker's (1900) early insights into everyday forgetting and recent research on anterograde amnesia [J]. Cortex, 2007, 43(5): 616-634.

令人惊讶的是，结果显示，"延迟学习组"的学生能够回忆起词汇表中48%的无意义音节，而"立即学习组"的学生只能记住词汇表中28%的音节。这个实验结果表明，仅仅六分钟的休息时间就让"延迟学习组"的学习效果提高了近两倍。

这个实验为我们揭示了间隔学习的重要性。在两个学习任务之间只要增加一点休息时间作为间隔，大脑就有机会进行整理和加工，进而巩固所学内容。当我们经历一段时间的休息后再次回顾和学习，我们的记忆更加牢固，学习效果也更加显著。这也解释了为什么我们在学习过程中，经常发现稍作休息后能够更好地记住和理解新知识。

于是，我对自己的阅读策略进行了调整。现在，我不再急于在短时间内读完一本书，而是给予自己足够的时间来消化和吸收书中的知识。我会在阅读完一本书后，留出一段时间，然后再回顾和重读关键章节或观点。这种间隔学习和间隔重复的方式让我感受到了学习的深度和持久性。我开始发现，通过适当的时间间隔和重复阅读，我能够更好地记住所学内容，并将其应用于实际生活中。

就像我曾经喜欢集中在几个小时内读完一本书一样，我发现我的一些学生以及众多的学习者也都格外钟情于集中时间学习。一个典型的现象就是考前的集中学习。

我们都经历过很多次考前的集中学习，比如重复阅读很多遍教材或笔记，集中火力练习习题。这种密集的集中学习让我们有一种越学越顺手的感觉，让我们以为自己已经掌握了知识。但我们现在已经知道，这很可能是大脑出现了重复抑制，而并非真正学会了。这种"填鸭式"集中学习的方法的确会暂时创造出更好的记忆效果，却并不会促进记忆的长久保存。考完试不消多长时间，我们就会将所学全部忘得干干净净。

真正聪明的学习者会将时间拉开，在一个更长的周期里去学习和复习，这样形成的记忆会非常持久。我访问过多个斯坦福大学和麻省理工学院的优秀学生，询问他们取得好成绩的根源是否是考前准备做得好，但得到的答案通常都是他们并不会在考前额外复习。因为他们已经在平时学习中定期复习，定期重复阅读，因此他们即使是期末考试前也有大把时间参加学校的社交活动。知识已经经过时间的沉淀，牢牢刻进了他们大脑的神经网络中。

如果有人跟我们连说 5 次"乔舒亚·安格里斯特是 2021 年的诺贝尔经济学奖得主之一"，我们大概率能记住一小会儿。如果他每隔 10 分钟对我们说一次，但将次数减少到 3 次，我们就能记住很长一段时间。这是因为连续 5 次重复只确保了信息进入我们的工作记忆，但每隔 10 分钟说一次，就突破了短时的工作记忆的界限，让信息有机会进入长时记忆。

对于极其短暂的时间间隔，比如几秒钟或几分钟，快速重复会使大脑对信息变得越来越不感兴趣。它刚刚听见也存储了那个信息——"乔舒亚·安格里斯特是 2021 年的诺贝尔经济学奖得主之一"，而如果相同的内容立即重复第二次和第三次，大脑对其的关注就会次第减弱。

一方面，我们知道只有重复激活与学习目标相关的神经元才能让学习或记忆得到巩固，但另一方面信息重复会导致大脑活动减少，从而阻止神经元被反复激活。这似乎是一个悖论。幸好，间隔学习和间隔重复给我们提供了更佳的解决方案。计划好时间，并把学习的时间间隔开来，就能多次激活与学习目标相关的神经元，加强学习效果。

事实上，提出间隔学习这一概念被认为是认知心理学对教育的最大贡献之一，[一]并且这种方法已经在涉及各种环境的数百项研究里得到了验证。[二]奇妙的是，间隔效应不仅适用于人类，也适用于与人类拥有相似大脑学习机制的动物。

卡伦德博士在他的研究中，曾经设计了一个模拟大学课堂学习场景的实验。他让148名来自两所大学的学生阅读了从课本和一本科学杂志中选取的5个段落。第一组学生只进行了一次阅读，而第二组连续进行了两次阅读。阅读完成后，两组学生进行了学习效果的测试，以评估记忆效果。结论是，无论学生来自哪所大学，无论实验条件如何，连续重复阅读并没有带来任何益处。

值得注意的是，如果将立即重复阅读改为隔几天后再重复阅读一遍，实验结果就会大不相同。间隔一段时间后进行重复阅读的学生的表现明显优于没有重复的学生。[三]

○ WEINSTEIN Y, MADAN C R, SUMERACKI M A. Teaching the science of learning[J]. Cognitive research: principles and implications, 2018, 3(1): 2.

○ Van HOOF T J, SUMERACKI M A, MADAN C R. The effect of distributed practice: neuroscience, cognition, and education [J]. Trends in neuroscience and education, 2015, 4(3): 49-59.

○ CALLENDER A A, MCDANIEL M A. The limited benefits of rereading educational texts [J]. Contemporary educational psychology, 2009, 34(1): 30-41.

　　当我们利用重复来巩固知识时，如果在重复的过程中加入时间间隔，大脑会对所学内容感到生疏，这增加了提取这些知识的难度。与连续多次重复相比，间隔一段时间后再提取的感觉并不好，我们可能会错误地认为前一次学习的效果并不理想。为什么我们学过的东西又忘记了呢？然而，实际情况是，这样做可以使学习效果更持久。通过时间间隔，我们需要重新激活或重新构建长时记忆中的组成元素，而不是简单地在短时记忆中重复它们。[⊖]为了提取记忆，我们需要投入足够的注意力，并通过回忆的方式使大脑重新塑造所学内容。通过再次学习和确认，知识最重要的特点会变得更加清晰。因此，间隔学习的巩固过程还会增强我们对知识含义的理解。

　　间隔学习和间隔重复中的遗忘，虽然让我们感到不舒服，但实际上它不仅有助于强化知识，还有助于建立和巩固与知识相关的神经连接。研究表明，当我们需要唤起一段回忆或使用一项技能时，付出的努力越多，学习效果就越好。[⊜]这意味着在经历一段时间的间隔后重新回顾和巩固知识，对于深化我们的学习是非常有益的。尽管遗忘可能让我们感到挫败，但它实

⊖　BJORK, E L, BJORK R A. Making things hard on yourself, but in a good way: creating desirable difficulties to enhance learning [M] // GERNSBACHER M A, PEW R W, HOUGH L M. Psychology and the real world: essays illustrating fundamental contributions to society. New York: Worth Publishers, 1992, 55-64.

⊜　SCHILLER D, MONFILS M H, RAIO C M, et al. Preventing the return of fear in humans using reconsolidation update mechanisms [J]. Nature, 2010, 463(7277): 49-53.

际上是一个学习过程中不可或缺的组成部分。通过挑战自己、重新激活记忆和投入更多的努力，我们能够提高学习的持久性并加强学习的深度。

在过去的几十年里，关于间隔学习的研究蓬勃发展，其中一项引人注目的研究是由丹尼尔·卡伦（Daniel E. Callan）和尼古拉斯·施魏格霍费尔（Nicolas Schweighofer）于2010年发表的。[○]他们的脑成像研究发现，在连续四个时段的学习过程中，只有在第一和第二时段，大脑才处于活跃状态；而当进入第三和第四时段时，大脑的激活程度几乎可以忽略不计。这意味着大脑产生了重复抑制，不再积极参与学习活动。这种现象并不是由大脑疲劳引起的，因为即使在参与者充满活力的情况下，实验结果依然显示相同的大脑活动衰减现象。

研究人员得出的结论是，多次执行相同的任务会使任务逐渐变得容易，从而减少了大脑的活动水平。然而，当学习者在每个学习时段之间留出间隔时，脑成像显示每次学习时大脑都得到充分激活。也就是说，只要在学习当中加入足够的时间间隔，第三和第四时段的学习时间就不仅没有浪费，而且保持了与第一和第二时段相同的学习效率。

这个研究结果强调了间隔学习的重要性。通过在学习过程中合理安排间隔时间，我们可以促进大脑持续参与和活跃，提

○ CALLAN D E, SCHWEIGHOFER N. Neural correlates of the spacing effect in explicit verbal semantic encoding support the deficient-processing theory [J]. Human brain mapping, 2010, 31(4): 645-659.

高学习效果。这对于我们更好地利用学习时间，加深对知识的理解和记忆至关重要。

事实上，间隔学习不仅能巩固知识，还能有效阻断遗忘。

学习的最大障碍之一，就是遗忘。因此，学习的目标实际上是尽可能长时间地将信息完整保留在大脑中。将工作记忆这样的短时记忆转化为长时记忆，是学习成功的关键。通过重复学习相同的内容，我们可以增强和巩固我们的记忆。在这个过程中，大脑会发生一系列生物化学变化。当我们接触到新的信息时，神经元之间的连接会逐渐加强，并形成新的突触连接。通过重复练习，大脑促进了这些神经连接的发展，使得信息更容易被存储和提取。在巩固的过程中，记忆痕迹会加深，新知识与旧知识逐渐建立联系，神经元之间的连接也得到强化。但我们必须要知道，这个巩固和加强的生物化学过程通常需要数小时、数天甚至更长的时间来完成。因此，我们应该用足够的时间来巩固所学的知识。

事实上，如果学习时间被隔开，我们就必须付出更多努力来提取长时记忆中已经被编码并存储下来的信息。这种提取是为了与其他知识继续建立新的联系，让相关的神经元被再次激活，并使与知识相关的神经网络得以加强。

加州大学洛杉矶分校的著名心理学家纳特·科内尔（Nate Kornell）用实验证明了间隔学习的有效性。他邀请了一批学生进行为期四天的学习实验，学习的内容是美国研究生入学考试（graduate record examination，GRE）。为了探究间隔学习对学习效果的影响，研究人员将学习内容分散在一大摞卡片上，并

观察学生在使用这些卡片进行学习时的时间间隔。[⊖]

学生们通常会将卡片分成相对较小的几摞，然后逐摞地进行学习。相较于一次性将所有卡片学完后再重复学习一遍，这种分摞的学习方法可以减少重复学习同一摞卡片所需的时间间隔。举例来说，假设一大摞卡片中有 20 张，学生在学习一张卡片后会有 19 张其他卡片的间隔，而在一小摞 5 张卡片中，学生只需要在 4 张卡片的间隔中进行重复学习。

通过三个独立的实验，研究人员发现学习一大摞卡片并重复学习一遍的效果比分别学习四小摞卡片更为有效。正如图 5-1 所示的实验结果，左侧是将卡片分别分成一到四小摞后的学习结果，最右侧是一整摞卡片一起学习的结果。我们可以清楚地看到，拉开时间间隔的整摞学习的结果要远超其他所有分摞学习的。尽管在第一次学习后，72% 的参与者认为集中学习比间隔学习更有效。但这其实是因为当我们在短时间内反复学习一项内容时，大脑的活跃度逐渐降低，我们往往会错误地认为学习任务变得更轻松，甚至误以为我们已经完全掌握了知识。然而，当实验结束，即所有学习任务都完成时，有 90% 的参与者认为较大的时间间隔比较小的时间间隔更为有效。

这项研究揭示了间隔学习对于学习的重要性。通过合理的时间间隔和重复，我们可以最大限度地提高记忆效果。因此，在学习过程中，适当地安排间隔，不仅可以提高学习的效率，

⊖ KORNELL N. Optimizing learning using flashcards: spacing is more effective than cramming [J]. Applied cognitive psychology, 2009, 23(9): 1297-1317.

还能帮助我们更好地保持和回忆所学的知识。

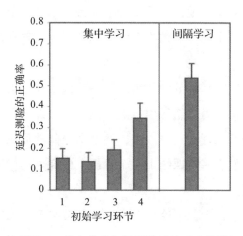

图 5-1 集中学习与间隔学习的测验结果

近年来，关于间隔学习效应的研究已经超越了最初的卡片学习，涉及了更广泛的人群，包括外科医生、音乐家、运动员、飞行员等。这些研究结果为我们提供了更深入的见解，表明在各个领域中，相对较短地分布在几天内的练习时间间隔，比起密集的、较长的但不重复的练习更为有效。这些研究普遍证明间隔学习有助于记忆的保持和巩固。相对于连续而密集的学习方式，将学习分散在一段时间内进行，有助于优化记忆的存储和提取。通过在学习过程中加入时间间隔，我们给予大脑更多的时间来巩固所学的知识，并加强神经连接，使其更牢固和持久。

2006 年，伊利诺伊大学厄巴纳 – 香槟分校的神经科学家塞佩达（N. J. Cepeda）教授及其团队，针对外科医生进行了一项关于间隔学习的研究。该研究选取了 38 名住院外科实习医生作为研究对象，他们学习了关于显微手术的四节课程，课程内容涉及如何重新连接微小血管。每节课都包含理论教学和实践环节。[⊖]

实习医生被平均分为两组。第一组医生在一天内完成了全部四节课程，而另一组医生每隔一周上一节课，总共用了四周时间完成全部课程。这样一来，两节课之间就形成了一周的间隔时间。在最后一节课结束一个月后，研究人员对两组实习医生进行了测试。

研究结果显示，不论从哪个评估环节来看，采用间隔一周学习方式的医生的表现都优于一天内完成所有课程的医生。那些一天上完四节课的医生不仅在所有评估环节都表现较差，而且其中有 16% 的医生在实验过程中损伤了实验白鼠的其他血管，未能成功完成手术。

这个研究提供了有力的证据，支持了间隔学习的优势。通过将学习分散在一定的时间间隔内，医生们能够更好地掌握和运用显微手术技巧。相比于密集的学习方式，采用间隔学习的方法有助于提高记忆的保持和巩固，并降低在实践中出现错误的风险。

实际上，间隔学习的效应在各个领域的学习者中得到了验证：外科医生在学习新的手术技巧时，通过在一段时间内间隔性地进行练习，可以更好地掌握和应用这些技巧；音乐家通过

⊖　CEPEDA N J, PASHLER H, VUL E, et al. Distributed practice in verbal recall tasks: are view and quantitative synthesis [J]. Psychological bulletin, 2006, 132(3): 354-380.

分散练习时间，将不同的乐曲片段交替进行练习，可以提高技巧和演奏的流畅度；运动员通过在练习期间加入时间间隔，可以提高肌肉记忆和动作的自动化程度；飞行员在飞行模拟训练中采用间隔学习，可以加强应对紧急情况的能力。

　　这些研究结果强调了间隔学习对于学习效果的重要性。通过安排合理的时间间隔和适当的重复，而非简单地进行集中而密集的学习，我们能够更有效地巩固和保持所学的知识。这种学习方式不仅提高了我们对知识的掌握程度，还能够促进深层次的理解和应用能力的提升。因此，在不同领域的学习中，采用间隔学习的方法将成为取得更好学习效果的关键策略。

　　令人惊喜的是，大脑成像技术也佐证了间隔学习对大脑激活的程度更高。科学家对间隔学习和集中学习的学生的大脑活动进行了对比，结果发现前者的腹外侧前额叶皮质比后者的更活跃。这个区域与信息的编码相关，在提取练习时也会被激活。当学习时间被间隔开后，我们就必须付出更大努力来提取记忆中已经编码好的内容，并且提取的时候很可能会将这些内容与其他信息相关联，这又进一步促进了神经连接的激活。⊖

　　总的来说，无论我们要学习一项新知识还是学习一项新技能，当我们感觉到难度在降低时，就是该停下来的时候。因为大脑正在降低活跃度和参与度，此时停下来去做其他有难度的事，会重新调动大脑的活跃度。

⊖ CEPEDA N J, VUL E, ROHRER D, et al. Spacing effects in learning: a temporal ridgeline of optimal retention [J]. Psychological science, 2008, 19(11): 1095-1102.

分类练习和混合练习哪个更有效

数学教科书，当然也包括其他许多学科的教科书，通常采用标准的格式来设计每一章后的习题。这些练习题由与前一章相关的问题组成。例如这一章学的是两位数的乘法，那么这一章的课后练习就全是各种两位数的乘法，以此来加强学习效果。

最近一段时期，少数教科书采用了混合格式，即练习题被系统性地打乱排列，使得每一章后的练习题目都包含了从之前多章中提取出来的各种问题。题目从全是两位数乘法变成了既有一位数乘法，也有加减法和除法。与前一种格式相比，混合格式的练习题显然增加了学习的难度。这是因为不论学生在学完哪一章后做习题，都需要从大脑中提取出之前所有课程的内容来解决问题。

人们不禁要问，究竟是传统的分类练习效果好，还是把所有题目混合起来的效果更好呢？

2007 年，南佛罗里达大学的研究者道格·罗勒（Doug Rohrer）和凯利·泰勒（Kelli Taylor）进行了两项实验研究，旨在评估不同练习题设计模式对学习效果的影响。他们招募了两组大学生，让其学习如何计算四种罕见的几何体的体积，包括楔体、椭球体、锥球体和半圆锥体，如图 5-2 所示。学习后，学生们通过练习题来巩固所学内容。⊖

⊖　ROHRER D, TAYLOR K. The shuffling of mathematics problems improves learning [J]. Instructional science, 2007, 35(6): 481-498.

a)

楔体是圆柱的加粗部分。
它的底部是一个圆形，顶部是一个
倾斜的椭圆形。

它的体积 $= \dfrac{r^2 h\pi}{2}$

椭球体类似于球体。
但是它的高会压缩或延长。

它的体积 $= \dfrac{4r^2 h\pi}{3}$

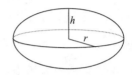

锥球体是球体的加粗部分。
它的底部在球体的中心，边缘在球
体的表面上。

它的体积 $= \dfrac{2r^2 h\pi}{3}$

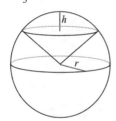

半圆锥体是圆锥体的下半部分。
它的顶部和底部都是圆形。

它的体积 $= \dfrac{7r^2 h\pi}{3}$

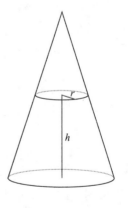

b)

问题
计算半径（r）为 2、高（h）为 3 的楔体
的体积。
将公式写在方框里，将答案写在椭圆形
的圈里。
作答

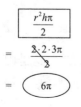

$$\boxed{\dfrac{r^2 h\pi}{2}}$$

$$= \dfrac{2 \cdot 2 \cdot 3\pi}{2}$$

$$= \left(6\pi\right)$$

图 5-2　四种罕见的几何体的练习题

其中一组学生按照问题类型进行分类练习，例如先解决几个楔体的问题，然后再解决几个椭球体的问题，以此类推。另一组学生则练习随机混合的题目，各类题目交替出现。实验结果如图 5-3 所示，进行分类练习的学生的平均正确率达到了 89%，而进行混合练习的学生的平均正确率仅为 60%。这个结果符合我们的直觉，因为混合练习需要在不同的概念之间切换，耗费更多的精力，而且更容易出错。很多人可能认为这意味着分类练习的效果更好。然而，我们知道事实远没有这么简单。

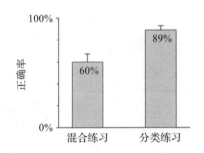

图 5-3　混合组和分类组在练习时的表现

有趣的事情发生在一周后进行的测验中，结果如图 5-4 所示。进行分类练习的学生的平均正确率仅为 20%，而进行混合练习的学生的平均正确率不仅没有降低，反而上升到了 63%，是分类练习效果的 3 倍多！这个发现与我们的直觉相悖。混合练习在一周后的测验中表现出更好的学习效果，这是因为混合练习要求学生不断切换和回顾之前学过的知识，从而加深了学生对知识的理解和记忆。

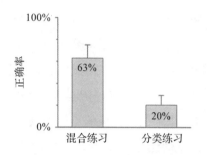

图 5-4　混合组和分类组一周后的表现

　　混合练习的优势在于它能够增加学生在知识应用和转移方面的能力。通过将不同类型的问题混合在一起，学生需要灵活地识别和应用适当的解决方法，从而培养了他们的辨析能力和解决问题的能力。当学生在解决混合练习中的问题时，他们需要根据问题的要求来选择并运用适当的数学公式，这使得他们能够更全面地理解和掌握不同几何体的概念和特性。

　　通过混合练习，学生不再仅仅对应特定类型的问题做准备，而是需要在不同类型的问题之间灵活切换和运用知识。这种认知负荷的增加使得学生的学习变得更具挑战性，但正是通过这种挑战，他们能够更深入地理解和巩固所学的知识。通过在不同类型问题之间频繁切换，学生能够将知识编码得更为细致，并与更多的线索相互联系起来，形成更为牢固和全面的知识网络。

　　在初学和练习环节中，分类练习可能会呈现出更显著的效果，学生在单一类型问题上的得分可能会更高。然而，当转移到最终的测试环节时，进行混合练习的学生却能够展现出更出色的表现。这是因为在测试中，学生需要将他们学过的知识应用到不同类型的问题上，并进行准确的选择和判断。混合练习强调对知识的综合应用以及灵活应变，可以使学生更好地掌握解决问题的技巧和策略，从而在测试中表现更加优异。

相比分类练习，混合练习对初学者来说肯定增加了难度，但它带来的学习效果上的巨大优势不容忽视。科学研究经常揭示与我们直觉相反的结果。许多人凭直觉认为，如果一个事情容易想起来，那么就不容易忘记。然而，认知心理学研究发现，记忆的提取难度与学习效果之间存在着正好相反的关系。也就是说，如果一个知识很容易被提取，那么它可能也很容易被遗忘。相反，如果在提取知识时需要付出很大的努力，那么通过这种努力带来的学习效果就会更好。这一发现正好可以解释分类练习和混合练习的效果差异。

虽然混合练习可以提升大学生的学习效果这一观点得到了实证支持，但对于前额叶发展尚未完善的青少年群体而言，情况是否会有所不同呢？

前额叶负责大脑的高级功能，它是负责规划、决策和控制注意力的区域。然而青少年的大脑还处在发育过程中，因此，青少年肯定会在进行混合练习时面临更大的认知负荷和挑战。他们也适合混合练习吗？

泰勒和罗勒两位研究者进行的针对小学生的研究进一步支持了混合练习的优势。他们在这项研究中招募了 24 名四年级小学生，并教授这些学生与棱柱相关的数学公式（如图 5-5 所示）。然后，他们将学生分为两组进行练习。两组学生的题目总数、内容和练习时间都完全相同，但练习方式有所不同。第一组学生进行分类练习，按照面、棱、顶点和角的顺序依次进行练习，每种题型都连续练习 8 个题目。而第二组学生进行混合练习，所有题目被随机抽取并混合在一起进行练习，每种题型也各练习 8 个题目。[⊖]

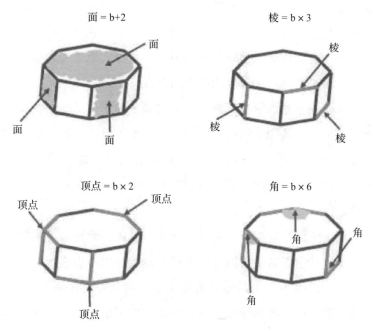

面 = b+2　　面　　面　　面

棱 = b × 3　　棱　　棱　　棱

顶点 = b × 2　　顶点　　顶点　　顶点

角 = b × 6　　角　　角　　角

图 5-5　与棱柱相关的数学公式

注：该图仅在教授过程中呈现。在解题时，学生会得到底边的数量（b），并被要求确定面、棱、顶点和角的数量。

在第二天的测试中，每组学生都要完成一道关于面、棱、顶点和角的题目。结果显示，采用混合练习方式的学生的正

———————
⊖　TAYLOR K, ROHRER D. The effects of interleaved practice [J]. Applied cognitive psychology, 2010, 24(6): 837-848.

确率为 77%，而采用分类练习方式的学生的正确率仅为 38%，后者的正确率竟然还不到前者的一半。

学生们往往会在练习过程中感受到混合练习带来的困难增加和错误率的上升，这可能导致他们对这种方法产生负面印象并选择放弃。然而，各项关于混合练习的研究都显示，其最终的测试结果明显优于分类练习。虽然混合练习在练习阶段可能会带来一定的挑战，但它能够激发学生更深入地思考和应用知识，从而提高他们在最终测试中的表现。

混合练习要求学生不断切换和回顾之前学过的知识，这可能需要更强的认知灵活性和注意控制能力。对于一些前额叶功能发展较慢的青少年而言，这种切换和回顾可能会导致学习效果下降或产生困惑。但这些都是暂时的，都是可以克服的障碍。

对于前额叶发展尚未完善的青少年群体，教育者可能需要在练习设计中斟酌使用混合练习的程度。可以考虑逐步引入混合练习，以给予学生足够的时间来适应以及发展认知灵活性。此外，提供适当的指导和支持，帮助他们理解和应用不同类型的知识，也是非常重要的。

虽然混合练习对青少年群体而言可能具有挑战性，但这并不意味着我们要完全排除混合练习。相反，适度和渐进地引入混合练习，结合其他支持措施，可以帮助青少年建立更全面的知识体系，促进他们认知的发展和学习能力的提升。

在混合练习中，学生需要进行更多的比较，做出更复杂的选择。因此知识的编码被更精细化了。这反映在混合练习带来的显著更高的最终测试成绩。混合练习这种方法不仅适用于数学题目，其在运动技能学习中的有效性也得到了广泛证实。

1978 年，研究人员罗伯特·克尔（Robert Kerr）和伯纳德·布思（Bernard Booth）进行了一项有关交叉练习[○]的研究。他们邀请了 64 名孩子参与为期 12 周的丢沙包训练，将孩子分成 8 岁组和 12 岁组。每个年龄组再分为两个小组，由研究人员带领进行训练。[○]

在开始训练之前，所有孩子都进行了热身赛，以熟悉即将接受的训练内容。孩子们拿着一个高尔夫球大小的沙包，跪在地上将沙包扔进画有靶心的区域。首先，他们有时间观察靶心的位置，然后被蒙上眼睛投掷沙包，最后再打开眼罩看看自己的投掷位置。在热身赛中，两个年龄组的四个小组，无法分辨出哪个小组具有优势。随后，正式的 12 周训练开始。

每个年龄组的第一组孩子练习投掷到距离为 1 米的同一个靶心。而每个年龄组的第二组孩子则练习向距离不同的两个靶心投掷，一个距离为 0.5 米，另一个距离为 1.2 米。12 周的训练结束后，研究人员对他们的训练成果进行了测试，测试的内容是投掷到距离为 1 米的靶心。研究人员和大多数人一样猜测，只练习 1 米远投掷的学生会取得更好的成绩。第二组没有练习过 1 米远投掷的学生甚至抱怨这样的测试对他们而言不公平。

○　交叉练习是混合练习的一种特殊形式，通常指交替学习两种学习材料。

○　KERR R, BOOTH B. Specific and varied practice of motor skill [J]. Perceptual and motor skills, 1978, 46(2): 395-401.

然而，实验结果让所有人都感到惊讶：进行远近交叉练习的小组表现更为出色，尽管他们在整个 12 周的训练中从未投掷过 1 米远的靶心。而且无论是 8 岁组还是 12 岁组，结果都是一样的。

这项研究揭示了交叉练习在运动技能学习中的效果。通过在训练中改变目标的距离，孩子们得到了更广泛的经验和技能，这使他们在面对 1 米远的靶心时更加熟练和自信。相比于仅仅专注于一种特定距离的练习，交叉练习提供了更多的变化和挑战，有助于提高孩子们的适应性和迁移能力。

这个实验告诉我们，单一的、重复性的练习可能无法激发学习者的最佳表现。相反，通过在训练中引入变化和挑战，例如远近交叉练习，可以为学习者提供更丰富的学习经验并带来更好的成果。

这项研究结果对我们日常生活中的学习和训练也有启示。当我们学习新知识或培养新技能时，可以尝试通过交替不同的练习内容和难度来提高学习效果。这种多样性和变化可以帮助我们更全面地掌握所学内容，并培养灵活性和适应性。

在路易斯安那州立大学的一项研究中，研究人员希纳·古德（Sinah Goode）和理查德·马吉尔（Richard Magill）邀请了 30 位右利手女大学生参加羽毛球发球训练。训练内容包括网前球、高远球和平快球，每种发球都有不同的运动轨迹和规则。

参与者被随机分成 3 组，每组 10 人，并接受相同时间量的训练：每周 3 次，每次练习 36 个发球。第一组进行分类训练，每次只专注练习一种发球，比如一天发网前球，另一天发高远球，再有一天发平快球。第二组进行顺序训练，按照固定的网前球、高远球、平快球顺序进行循环训练，直到发够 36 个球。第三组进行随机的混合训练，唯一的要求是不能连续使用相同的发球方式。

在为期 3 周的训练结束后，研究人员对三组参与者进行了最后的测试。每位参与者被要求进行 6 次发球，每次发球的方式不能与上次相同。每个发球的质量会依据其弧线和落点被评分，分数范围从 0 到 24。

测试的结果显示，进行混合训练的第三组表现最出色，平均得分为 18 分，进行顺序训练的第二组平均得分为 14 分，而进行分类训练的第一组平均得分最低，只有 12 分。[⊖]

这个实验结果令人深思。尽管第一组在训练期间进步最快，在直到最后一周的训练中都表现最出色，但在最后的测试中遭遇了惨败。这说明在训练中只进行重复性的单一动作练习可能无法带来最佳的表现。相比之下，混合训练组在不同的发球之间进行变化，培养了更好的适应性和灵活性，从而在实际比赛情境中取得了更好的成绩。

混合练习增加了学习的难度。但显然，学习难度的增加能够让学习效果更好，这种现象可以通过前面提过的"合意困难"来解释。当我们在学习过程中遇到困难、需要深入思考和

⊖　GOODE S, MAGILL R A. Contextual interference effects in learning three badminton serves [J]. Research quarterly for exercise and sport, 1986, 57(4): 308-314.

努力提取知识时，我们的大脑会更加专注和投入。这种努力可以加深我们对知识的理解和记忆，促使我们留下更牢固的记忆痕迹。

这一发现对于学习和记忆的优化有着重要的意义。我们应该主动追求一些有一定挑战性的学习任务，而不是仅仅选择那些容易的任务。通过克服困难、进行深入思考和反复提取，我们能够增强学习效果，并将知识转化为更牢固、更持久的记忆。此外，这也强调了在学习过程中积极面对挑战和困难的重要性，因为正是这些努力帮助我们建立了深刻的理解和卓越的记忆力。

混合练习不仅适用于认知和运动任务，甚至在艺术领域也同样适用。

2006年，罗伯特·比约克和他的博士后学生纳特·科内尔进行了一项有趣的研究，探讨了混合练习对艺术欣赏能力的影响。在研究中，他们收集了12位风景画画家的作品并邀请了120位大学生参与学习。首先，第一组的72名学生被分成两组，其中一组采用分类学习法，他们通过电脑屏幕学习这些画作，每张作品显示3秒钟，作家的名字显示在画面下方。每位画家的6幅作品依次出现，然后再换下一位画家的6幅作品，直到学习结束。而第二组学生采用了混合练习的方法，同样学习每位画家的6幅作品，但不同的是，所有作品被混合在一起展示。[⊖]

⊖　KORNELL N, BJORK R A. Learning concepts and categories: is spacing the enemy of induction?［J］. Psychological science, 2008, 19(6): 585-592.

学习结束后，学生们被要求从 547 开始隔两个数字进行倒数，依次是 545、543、541……直到数到 1 为止。这样的倒数虽然并不难，但需要工作记忆的参与，从而可以完全清除学生的短时记忆。完成倒数后，测试开始。

比约克和科内尔出示了 48 幅学生们之前未学习过的画作，学生们逐一观看并选择对应的画家。当时，研究人员和学生们普遍认为采用分类学习法的组别在测试结果上会优于采用交叉学习法的组别。然而，结果让所有人都大吃一惊：采用分类学习法的组别的平均正确率为 50%，而采用混合学习法的组别则高达 65%。

我们的直觉告诉我们混合安排学习内容，效果似乎比集中练习来得慢。教师和学生都会轻易感觉到，用了这样的学习策略，对知识的掌握速度就明显慢了下来，而且困难和出错也明显增多。

最重要的是，混合练习的好处似乎也并不是那么明显。除了感觉到学习的速度降低和难度增加，教师和学生还误以为这样做会让知识容易混淆，他们的理由是："某一类知识还没牢固，就要切换到其他类别，这样做不利于掌握知识。"然而这些都只是错觉，研究不断证明，从对知识的掌握程度和长时记忆的角度来看，混合练习远比分类练习的效果好。

混合练习可以让学生注意到概念之间的细微差别，而且这样的学习让学生的大脑做好了随时应对变化的准备。

想想考试的模式是什么？题目不就是大杂烩一样地混合出现吗？

如何正视考试

真是糟糕透了！我坐在考场里，目光呆滞地盯着试卷，心里一片混乱。这场考试来得如此突然，我竟然没有做任何准备就坐了进来。试卷上的问题一个个都让我摸不着头脑，我真是后悔当初为什么没有好好复习。自责和懊悔的情绪开始在我心头翻腾，我开始为自己的成绩可能不及格而焦虑不安。周围的同学们都在奋笔疾书，他们似乎早就做好了充足的准备。突然，我意识到如果这次考试不及格的话，可能无法顺利毕业。我该怎么面对老师和同学？怎么面对家人？怎么面对未来的人生？这些想法让我恐惧极了。

我从极度恐惧中惊醒过来，发现自己已经浑身大汗。

作为学生，我太理解考试带来的压力和焦虑情绪了。像大多数人一样，考试让我紧张，每逢考试，我的大脑就会加速分泌压力激素皮质醇。有些学生在考试前会出现腹泻等不适症状，有的人甚至可能会发烧或晕厥。我也曾因商学院的考试而感到疲于奔命，为了拿到学位而努力奋斗。虽然已经毕业快10年了，但我还是经常在梦里参加各科考试，而且每次梦中的考试，我都完全没有准备，最后从梦中急醒。

我也通过调研了解了许多学生的看法，我发现他们对考试的意义并不足够了解。绝大多数学生认为，考试只是用来排名和筛选学生的手段，对于学习本身并没有太多实际意义。即便是教育工作者，也很少有人能清楚解释考试对学习的意义，更不用说利用大脑科学的发现来解释考试对学习的积极作用。

2019 年的一项研究表明，仅有 37% 的教师认为考试对于激活与学习相关的脑区具有重要性。[○]

考试真的只是筛选学生的工具，对学习并无实际意义吗？当然不是。事实上，考试对于学习来说是一个不可或缺的有效工具。

考试可以激发学生的竞争意识，推动学生更加专注地学习和复习知识。此外，考试还能帮助学生评估自己的学习进展，发现自身的弱点和不足，从而有针对性地改进学习策略和提升自己的学习能力。

还记得艾宾浩斯的遗忘曲线吗？首次接触新知识后，70% 左右的内容会在很短的时间里被遗忘，剩下的 30% 则会慢慢被遗忘。这意味着为了提高学习效果，我们必须采取措施来阻止遗忘。其中，考试被证明是一种非常有效的防止知识遗忘的学习策略。

通过参加考试，我们被迫回顾和复习之前学习过的内容。这种复习过程可以帮助我们巩固记忆，加深对知识的理解。考试要求我们主动回忆并应用所学知识，这种主动性对于阻止遗忘至关重要。考试环境本身带来的压力和紧张感还可以激发大脑更加专注，从而加强我们对知识的记忆和理解。

从神经科学层面来观察考试的话，科学家发现考试之所以可以阻止遗忘，是因为考试时学生需要从大脑中提取长时记忆

○ BLANCHETTE SARRASIN J, RIOPEL M, MASSON S. Neuromyths and their origin among teachers in Quebec [J]. Mind, brain, and education, 2019, 13(2): 100-109.

中的相关知识，与知识相关的神经元会被激活，因此神经连接会得到加强。而加强后的神经连接更容易被同时激活，因此阻止了遗忘。而且，再提取相同信息的时候，就可以减轻大脑负担，这样大脑就可以将资源用在更复杂的任务上。[⊖]

前文提到的巴拉德的实验给我们展示了考试对于记忆的积极作用。在这项实验中，学生们在短时间内学习了一首诗，并进行了一次默写测试。令人惊讶的是，在两天后再次进行的默写测试中，学生们未经任何进一步的学习和复习，成绩就平均提高了 10%。

尽管这个实验在后来的很长一段时间里引起了争议，一些心理学家认为巴拉德的发现只是个别情况，无法复现。他们指出，如果学生被要求记忆一些没有意义的字母组合，那么所谓的"巴拉德效应"就不会出现。然而，对于记忆有逻辑意义的东西，如诗歌等，科学家的确观察到在经历一次考试后，学习效果会进一步提高的现象。

巴拉德的实验揭示了考试不仅能阻断遗忘，还在巩固记忆和加深理解方面具有积极作用。考试可以通过激活记忆过程和强化对学习内容的回忆来增强学习效果。

考试实际上是一种高效的提取记忆的练习，它不仅可以阻止遗忘，还能帮助我们通过结果的反馈来纠正学习中存在的偏差。因为考试提供了对学习进展的量化评估，帮助我们了解自己在学习中的表现。通过考试结果，我们可以发现自己的弱点

⊖ PAN S C, RICKARD T C. Transfer of test-enhanced learning: meta-analytic review and synthesis[J]. Psychological bulletin, 2018, 144(7): 710-756.

和不足，并有针对性地调整学习策略，强化薄弱的知识点。这种反馈机制可以帮助我们提高学习效果，并做好准备面对未来的挑战。

小型考试确实可以带来额外的学习收益，因为它能够提升新知识与旧知识之间的联系。在许多研究中，我们发现小型考试可以有效强化记忆。当我们在小考中需要提取自己所学的知识并应用它们时，我们必须投入注意力。这个过程进一步塑造了更强大的神经连接。在进行记忆提取和回答问题的过程中，我们有机会清楚地了解自己知道什么，以及还不知道什么。这种明确的界限帮助我们认识到自己的薄弱之处，并有针对性地进行改进。除此之外，小型考试中的记忆提取练习会同时激活与知识相关的神经元，并促使这些神经元之间建立联系。这无疑加强了有关这段记忆的神经连接。因此，小型考试中的这种提取练习不仅可以巩固记忆和强化新知识，还能够更好地建立新知识与旧知识之间的联系。

早在 1939 年，一项关于艾奥瓦州 3000 多名六年级学生的研究引起了科学界的巨大反响。这项研究首先让学生学习了几篇含有 600 个单词的文章，然后在接下来的两个月里进行了多次小型考试，并最终进行了一次大型考试。这个研究的两个发现引起了教育界和科学界的广泛关注。

第一，距离学习时间越久，学生在第一次小考中的遗忘情况就越严重。

第二，一旦学生参加了一次小考，他们在后续的考试中的分数就几乎不会下降。

也就是说，只要进行一次考试，遗忘就会停止。[⊖]

研究人员通过实验证明，多次小型考试通常比仅考一次要更有效，尤其是在多次考试之间有间隔的情况下。这意味着通过定期进行小型考试，我们可以更好地巩固所学知识，并提高学习效果。多次考试帮助我们不断回顾学习内容，从而有效地阻止遗忘的发生。

类似的实验研究在过去的几十年里从未停歇，十多年前的一次科学实验又引起了人们的广泛关注。

2011 年，研究人员在伊利诺伊州的一所中学进行了一项有趣的研究。研究人员为 139 名八年级科学课的学生安排了小型考试，并提供了与考试结果相关的反馈，内容涵盖了科学课上的部分知识点。为了减轻学生的压力，小考的成绩只占总成绩的一小部分。同时，在科学课中还有一些知识点不会出现在小考中，于是研究人员要求学生们把这些内容复习 3 遍。

一个月后进行的大考将考查哪部分知识点能被学生们更牢固地记住，是那些仅进行了 1 次小考而未经过复习的知识点，还是那些复习了 3 次但没有进行小考的知识点呢？

通过阅读本书的前文，我们应该不会像实验人员那样惊讶地发现这样的测试结果：小考所涉及的知识点，学生们的平均成绩为"A-"。而对于那些经过 3 次复习但未经过小考的知识点，学生们的分数降低到了"C+"。从结果可以明显看出，进

⊖　WHEELER M A, ROEDIGER H L. Disparate effects of repeated testing: reconciling Ballard's (1913) and Bartlett's (1932) results [J]. Psychological science, 1992, 3(4): 240-245.

行 1 次小考和进行 3 次复习，哪个更高效。[⊖]

这项研究结果强调了小型考试在学习中的重要性。通过小考，学生们被迫回忆并应用所学知识，这进一步加深了他们对这些知识点的记忆。

这些研究结果对于教育实践具有重要启示。在教学过程中，教师可以采用频繁的小型考试来帮助学生巩固知识，提高记忆效果。通过定期的小型考试，学生们有机会实际运用所学知识，及时发现他们的薄弱点并纠正错误。同时，间隔进行多次考试可以进一步加强记忆和巩固知识，从而提高长时记忆效果。

考试不仅有助于阻止遗忘，还有助于及时纠正学习中的偏差。一旦学习中的偏差得到反复强化，纠正起来就越来越困难。因此，尽早发现偏差并进行纠正对于学习至关重要。小型考试提供了一个有效的方法，让我们可以充分利用记忆提取练习的优势。通过这种考试形式，我们不仅能更好地掌握学习材料，还能通过反馈机制了解自己的学习进展和薄弱点。

在考试结束后，教师通常会解释学生犯错的地方，并且学生们也会花时间重新学习那些出错或感到不熟悉的内容，特别是纠正在考试中出现的错误。相比仅仅重复复习，经过考试的学生会更具学习优势。然而，我们要注意避免一个误区，就是过于强调重复阅读而不进行小型考试。仅仅重复阅读会使我们过高地估计自己真实的知识水平。因为我们无法知道哪些记忆

⊖ MCDANIEL M A, AGARWAL P K, HUELSER B J, et al. Test-enhanced learning in a middle school science classroom: the effects of quiz frequency and placement [J]. Journal of educational psychology, 2011, 103(2): 399-414.

在需要时无法提取，以及哪些记忆在根本上存在偏差。相比不进行考试的情况，参加考试的学生不仅能准确了解自己已知和未知的知识，还能通过考试过程巩固学习效果。

小型考试提供了记忆提取练习和反馈机制，帮助我们更好地掌握学习材料，并了解自己的学习进展和薄弱点。在考试后重新学习和纠正错误也是提高学习效果的重要环节。然而，我们应该避免踏入仅仅重复阅读而不进行考试的误区，因为考试能帮助我们更准确地评估自己的知识水平并巩固学习成果。[⊖]

近期，科学家们提出了一项教学改进方案，即在课前和课后立即进行小测试。他们建议在上课之前进行预习小测试，在下课前几分钟进行回顾测试。当然，为了减轻学生的抵触情绪，这些测试的权重应该相对较低。

那么为什么要在上课之前进行小测试呢？研究发现，这种低权重的小测试不仅可以增强学习效果，还能改善学生的出勤率。由于需要进行课前测试，学生会更加认真地进行预习，结果学生们普遍反映自己学到了更多的知识。

在下课前几分钟安排小测试还能增加学生上课的专注程度，因为他们会意识到自己在哪些方面存在薄弱或不熟悉的地方，从而更加关注课堂内容。此外，课前小测试可以预热大脑，提前激活与当堂课程相关的神经元，为学习做好准备。

课前和课后的小测试是一种教学改进方案，它能够增强学习效果，提高学生的出勤率，并增加学生对课堂内容的专注程度。通过这种方式，学生可以更好地预习和复习，从而加深对知识的理解和记忆，取得更好的学习效果。[⊖]

然而，我们也要注意，考试仅仅是学习的一种评估方式，不应该被过度强调。除了考试，还有其他形式的评估方法，如项目作业、小组讨论和实际应用等，可以更全面地评估学生的学习成果和能力。通过频繁的小型考试和适当的间隔，我们可以更好地巩固知识、阻止遗忘，并提高学习效果。然而，考试只是评估学习的一种方式，我们还应该综合使用其他评估方法来全面了解学生的学习进展。

考试之所以如此不受待见，最重要的原因很可能有以下两个。

首先，有些教师和学生没有真正了解考试对于学习的重要意义，所以他们没有很好地利用考试这个工具进行学习上的改进。因此，考试被广泛认为仅仅是筛选学生的工具。

第二，考试后的排名才是罪魁祸首。排名增加了几乎所有人的压力，但排名对学习本身的作用微乎其微。

考试之后，通过当众宣布考试成绩来刺激成绩不够好的学生，只会增加学生的心理压力和抵触情绪，并不会增长学生的学习动力。这种刺激方式不仅不会激励学生做出改变，还会强化学生自我放弃的想法，会产生长期的心理影响。

所有这些，都让考试对学习的作用淡出人们的视野。

⊖ LEEMING F C. The exam-a-day procedure improves performance in psychology classes [J]. Teaching of psychology, 2002, 29(3): 210-212.

无论是老师、家长还是学生本人，都千万不要把考试成绩当作对一个人的整体评价，比如把成绩和"笨""不适合学习"等关联起来。更不要根据几次考试成绩就把学生定性为未来无望。毕竟测验中的出错并不代表智商，很可能只是不够仔细造成的。

更何况，智商只要达到正常范围，具体高低就不再影响长期的学习结果和人生高度。

本章小结：一套高效的学习方法

在本章里，我们讨论了多个被科学证明的高效的学习策略。现在就让我们做一个快速的总结和回顾，形成一套高效的学习方法：

（1）多问"为什么"：培养好奇心和批判性思维，深入理解问题的本质和原因，建立更深层次的知识理解。

（2）学生多提问，教育者鼓励学生提问：提问帮助教师了解学生的理解和困惑，解释和说明是将新知识与旧知识相联系的重要学习方法。

（3）避免过度重复激活：重复激活与学习目标相关的神经元是巩固学习的机制，但过度重复激活会导致大脑出现重复抑制，降低大脑活跃度。虽然反复阅读和重复学习表面上看起来是简单直接的学习方法，但研究表明它们并不是高效的学习策略。

（4）采用间隔学习：通过在学习任务之间设置时间间

隔，促进长时记忆的形成和保持，提高学习的效率、深度和持久性。

（5）使用混合练习：将不同知识点混合练习，加深对知识的理解和记忆，培养辨析和解决问题的能力。

（6）欢迎小型考试，正确使用考试：考试可以激发学生的竞争意识，帮助评估学习进展，防止遗忘，加强记忆和理解。考试有助于学生找到记忆偏差，并及时纠正。

思考力丛书

学会提问（原书第 12 版·百万纪念珍藏版）

- 批判性思维入门经典，真正授人以渔的智慧之书
- 互联网时代，培养独立思考和去伪存真能力的底层逻辑
- 国际公认 21 世纪人才必备的核心素养；应对未来不确定性的基本能力

逻辑思维简易入门（原书第 2 版）

- 简明、易懂、有趣的逻辑思维入门读物
- 全面分析日常生活中常见的逻辑谬误

专注力：化繁为简的惊人力量（原书第 2 版）

- 分心时代重要而稀缺的能力
  就是跳出忙碌却茫然的生活
  专注地迈向实现价值的目标

学会据理力争：自信得体地表达主张，为自己争取更多

- 当我们身处充满压力焦虑、委屈自己、紧张的人际关系之中，
  甚至自己的合法权益受到蔑视和侵犯时，
  在"战和逃"之间，
  我们有一种更为积极和明智的选择——据理力争。

学会说不：成为一个坚定果敢的人（原书第 2 版）

- 说不不需要任何理由！
  坚定果敢拒绝他人的关键在于，
  以一种自信而直接的方式让别人知道你想要什么、不想要什么。

脑 与 认 知

《重塑大脑，重塑人生》

作者：[美] 诺曼·道伊奇 译者：洪兰

神经可塑性领域的经典科普作品，讲述该领域科学家及患者有趣迷人的奇迹故事。

作者是四次获得加拿大国家杂志写作金奖、奥利弗·萨克斯之后最会讲故事的科学作家道伊奇博士。

果壳网创始人姬十三强力推荐，《最强大脑》科学评审魏坤琳、安人心智董事长阳志平倾情作序

《具身认知：身体如何影响思维和行为》

作者：[美] 西恩·贝洛克 译者：李盼

还以为是头脑在操纵身体？原来，你的身体也对头脑有巨大影响！这就是有趣又有用的"具身认知"！

一流脑科学专家、芝加哥大学心理学系教授西恩·贝洛克教你全面开发使用自己的身体和周围环境。

提升思维、促进学习、改善记忆、激发创造力、改善情绪、做出更好决策、理解他人、帮助孩子开发大脑

《元认知：改变大脑的顽固思维》

作者：[美] 大卫·迪绍夫 译者：陈舒

元认知是一种人类独有的思维能力，帮助你从问题中抽离出来，以旁观者的角度重新审视事件本身，问题往往迎刃而解。

每个人的元认知能力也是不同的，这影响了学习效率、人际关系、工作成绩等。

通过本书中提供的心理学知识和自助技巧，你可以获得高水平的元认知能力

《大脑是台时光机》

作者：[美] 迪恩·博南诺 译者：闫佳

关于时间感知的脑洞大开之作，横跨神经科学、心理学、哲学、数学、物理、生物等领域，打откр你对世界的崭新认知。神经现实、酷炫脑、远读重洋、科幻世界、未来事务管理局、赛凡科幻空间、国家天文台屈艳博士联袂推荐

《思维转变：社交网络、游戏、搜索引擎如何影响大脑认知》

作者：[英] 苏珊·格林菲尔德 译者：张璐

数字技术如何影响我们的大脑和心智？怎样才能驾驭它们，而非成为它们的奴隶？很少有人能够像本书作者一样，从神经科学家的视角出发，给出一份兼具科学和智慧洞见的答案

更多>>>

《潜入大脑：认知与思维升级的100个奥秘》 作者：[英] 汤姆·斯塔福德 等 译者：陈能顺
《上脑与下脑：找到你的认知模式》 作者：[美] 斯蒂芬·M.科斯林 等 译者：方一雲
《唤醒大脑：神经可塑性如何帮助大脑自我疗愈》 作者：[美] 诺曼·道伊奇 译者：闫佳

积极人生

《大脑幸福密码：脑科学新知带给我们平静、自信、满足》

作者：[美] 里克·汉森 译者：杨宁 等

里克·汉森博士融合脑神经科学、积极心理学与进化生物学的跨界研究和实证表明：你所关注的东西便是你大脑的塑造者。如果你持续地让思维驻留于一些好的、积极的事件和体验，比如开心的感觉、身体上的愉悦、良好的品质等，那么久而久之，你的大脑就会被塑造成既坚定有力、复原力强，又积极乐观的大脑。

《理解人性》

作者：[奥] 阿尔弗雷德·阿德勒 译者：王俊兰

"自我启发之父"阿德勒逝世80周年焕新完整译本，名家导读。阿德勒给焦虑都市人的13堂人性课，不论你处在什么年龄，什么阶段，人性科学都是一门必修课，理解人性能使我们得到更好、更成熟的心理发展。

《盔甲骑士：为自己出征》

作者：[美] 罗伯特·费希尔 译者：温旻

从前有一位骑士，身披闪耀的盔甲，随时准备去铲除作恶多端的恶龙，拯救遇难的美丽少女……但久而久之，某天骑士蓦然惊觉生锈的盔甲已成为自我的累赘。从此，骑士开始了解脱盔甲，寻找自我的征程。

《成为更好的自己：许燕人格心理学30讲》

作者：许燕

北京师范大学心理学部许燕教授30年人格研究精华提炼，破译人格密码。心理学通识课，自我成长方法论。认识自我，了解自我，理解他人，塑造健康人格，展示人格力量，获得更佳成就。

《寻找内在的自我：马斯洛谈幸福》

作者：[美] 亚伯拉罕·马斯洛 等 译者：张登浩

豆瓣评分8.6，110个豆列推荐；人本主义心理学先驱马斯洛生前唯一未出版作品；重新认识幸福，支持儿童成长，促进亲密感，感受挚爱的存在。

更多>>> 　《抗逆力养成指南：如何突破逆境，成为更强大的自己》 作者：[美] 阿尔·西伯特
　　　　　《理解生活》 作者：[美] 阿尔弗雷德·阿德勒
　　　　　《学会幸福：人生的10个基本问题》 作者：陈赛 主编